MEMÓRIA

I98m   Izquierdo, Ivan.
        Memória / Ivan Izquierdo. – 3. ed. – Porto Alegre :
    Artmed, 2018.
        xii, 110 p. : il. color. ; 23 cm.

        ISBN 978-85-8271-491-1

        1. Psicologia. 2. Memória. I. Título.

        CDU 159.953

Catalogação na publicação Karin Lorien Menoncin – CRB 10/2147

IVAN IZQUIERDO

MEMÓRIA

3ª edição

Reimpressão 2021

2018

© Grupo A Educação S.A., 2018

Gerente editorial
Letícia Bispo de Lima

Colaboraram nesta edição:
Coordenadora editorial
Cláudia Bittencourt

Capa
Tatiana Sperhacke

Imagem de capa
©shutterstock.com / Julia Kopacheva,
Abstract vector illustration of brain on black background

Preparação do original
Aline Pereira de Barros

Leitura final
Lisandra Cássia Pedruzzi Picon

Projeto gráfico e editoração
Ledur Serviços Editoriais Ltda.

Reservados todos os direitos de publicação ao GRUPO A EDUCAÇÃO S.A.
(Artmed é um selo editorial do GRUPO A EDUCAÇÃO S.A.)
Av. Jerônimo de Ornelas, 670 – Santana
90040-340 – Porto Alegre – RS
Fone: (51) 3027-7000 Fax: (51) 3027-7070

SÃO PAULO
Rua Doutor Cesário Mota Jr., 63 – Vila Buarque
01221-020 – São Paulo – SP
Fone: (11) 3221-9033

SAC 0800 703-3444 – www.grupoa.com.br

É proibida a duplicação ou reprodução deste volume, no todo ou em parte, sob
quaisquer formas ou por quaisquer meios (eletrônico, mecânico, gravação, fotocópia,
distribuição na Web e outros), sem permissão expressa da Editora.

IMPRESSO NO BRASIL
PRINTED IN BRAZIL

AUTOR

IVAN IZQUIERDO

Professor titular de Neurologia. Coordenador do Centro de Memória, Instituto do Cérebro, Pontifícia Universidade Católica do Rio Grande do Sul e Instituto Nacional de Neurociência Translacional, CNPq.

PREFÁCIO À 3ª EDIÇÃO

A neurociência avançou muito nos últimos 2 ou 3 anos. Princípios ou noções que eram dados como certos quando foi publicada a 2ª edição deste livro foram reformulados, mudados ou extintos desde então. Por exemplo, naquela época, ainda se pensava que as memórias eram gravadas primeiro no hipocampo e só horas ou dias mais tarde processadas por outras regiões. Agora sabemos que as memórias declarativas são gravadas simultaneamente (ou quase) em várias regiões do cérebro, uma das quais é o hipocampo. Esse e outros achados provêm de técnicas novas (sobretudo a optogenética) que mudaram radicalmente muitas noções que antes eram tidas como certas.

Assim, apresentamos aqui uma nova edição de *Memória*, que, como as anteriores, é dedicada aos meus queridos colaboradores do Centro de Memória do Instituto de Cérebro da Pontifícia Universidade Católica do Rio Grande do Sul (PUCRS), especialmente a minhas amigas Jociane de Carvalho Myskiw e Cristiane Regina Furini, ambas formadas no Centro que criamos juntos.

Ivan Izquierdo

PREFÁCIO DA 2ª EDIÇÃO

A 1ª edição deste livro teve um sucesso inesperado. Mas desde a época em que foi publicada até o presente, houve algumas mudanças importantes no tema, do ponto de vista tanto experimental quanto conceitual; as últimas devido às primeiras. Por exemplo: a) a demonstração ora definitiva de que a sequência de processos moleculares responsáveis pela consolidação das memórias, no hipocampo, é basicamente a mesma da LTP na região CA1 dessa estrutura; b) a demonstração do "etiquetado sináptico" como a base do possível mecanismo celular da formação de reflexos condicionados e/ou da associatividade das memórias; c) a importância da extinção das memórias no tratamento das síndromes de medo ou angústia pós-traumáticos; d) a descoberta do processo da reconsolidação, de certa forma oposto à extinção, que permite a reforma das memórias depois de consolidadas; e) a fase de persistência, que determina se as memórias já consolidadas perduram além de uns poucos dias. Nesta nova edição incorporamos essas mudanças, comentamos esses mecanismos e colocamos o tema como um todo em dia com os conhecimentos atuais (2010) sobre o assunto.

Como na edição anterior, voltamos a recomendar aos leitores interessados em vários temas sobre os quais ainda existem controvérsias, ou que não são necessários para entender os princípios fundamentais descritos aqui, que se dirijam ao *site* EntrezPubmed ou similares. Este é um livro elementar dedicado basicamente a profissionais e estudantes das ciências da saúde que não se dedicam especificamente ao estudo da memória.

Esta segunda edição está dedicada, como a anterior, a meus colaboradores durante os 40 anos que levo devotados ao estudo da memória.

Ivan Izquierdo

PREFÁCIO DA 1ª EDIÇÃO

Este é um livro para médicos, biólogos, psicólogos com orientação biológica, bioquímicos, farmacêuticos, veterinários, assistentes sociais, enfermeiros e estudantes dos respectivos cursos de graduação ou pós-graduação; mas também (espero) para muitos mais. Estes últimos podem lê-lo, se quiserem, pulando parágrafos ou seções; a simples análise do título de cada seção lhes dirá, de maneira geral, se será ou não proveitosa sua leitura. No capítulo inicial há uma breve descrição sobre aspectos básicos que definem e explicam o funcionamento dos neurônios e das sinapses; é evidente que médicos, biólogos e veterinários, bem como os estudantes dessas disciplinas, poderão pular essa seção sem perder muito. O hábito de pular parágrafos, capítulos e seções é muito criticado pelos professores de literatura, mas certamente não pelos literatos: ninguém menos que o maior escritor do século XX, Borges, confessou nunca ter podido ler Joyce, por exemplo, sem pular páginas inteiras. Poucos estudantes ou estudiosos da Medicina podem afirmar ter lido integralmente todos os seus livros de texto sem pular parágrafos ou até capítulos.

Para leitores não interessados nas bases biológicas da memória, dois bons livros de texto são os de Baddeley (1997) e Tulving e Craik (2000). Para leitores interessados na influência das diversas formas de patologia cerebral sobre os processos cognitivos e seu diagnóstico e tratamento, recomenda-se o livro editado por Tomás Palomo e colaboradores (2001), em espanhol (ver Referências).

Este livro reflete 40 anos dedicados ao estudo da memória. O leitor não encontrará sisudas descrições clínicas nem aconselhamentos terapêuticos. Esses tópicos pertencem a textos de Neurologia, Psiquiatria ou Psicologia. Também não se encontrarão descrições exaustivas dos aspectos moleculares ou farmacológicos discutidos: este livro concentra-se naqueles processos mais bem demonstrados e sobre os quais existe consenso. A bibliografia se reduz aos artigos principais e se deu

XII PREFÁCIO DA 1ª EDIÇÃO

preferência a livros ou artigos de revisão. O resto poderá ser encontrado a partir dessas referências ou na internet, conforme indicado nos capítulos correspondentes.

O livro responde às perguntas mais habituais que me foram formuladas por jornalistas ou pelo público em geral, especializado ou não, em palestras que proferi ao longo dos anos.

O leitor não encontrará nem adesão nem falta de adesão a "escola" ou a teórico algum. Creio que o culto da personalidade não faz parte da ciência. Será inútil tentar enquadrar este texto em termos de uma ou outra escola psicológica, por exemplo. Se quiser e for de seu agrado, o leitor poderá fazer isso por conta própria; temo muito que fracassará.

Este livro não é a reedição de outro, em espanhol, chamado *¿Qué es la memoria?*, editado pelo Fondo de Cultura Económica, em 1992. A aproximação ao problema é diferente, e aqui se refletem os conhecimentos sobre o tema adquiridos nestes últimos nove anos.

O livro está dedicado aos mais de 200 colaboradores de 13 países com quem publiquei trabalhos ao longo da vida, e muito em especial a meu querido amigo Jorge Horacio Medina, de Buenos Aires, com quem colaborei em 139 artigos. Muitas das minhas melhores ideias são do Jorge e vice-versa. Muitos de meus colaboradores são hoje meus amigos entranháveis. Assim dá gosto trabalhar; e assim trabalhei durante todos esses anos.

Ivan Izquierdo

SUMÁRIO

1. O que é a memória? 1
2. Tipos e formas de memória 13
3. Os mecanismos da formação das memórias 31
4. As memórias de curta e de longa duração 51
5. Persistência das memórias de longa duração 59
6. Evocação, extinção e reconsolidação das memórias 61
7. A modulação das memórias: influência do nível de alerta, do nível de ansiedade e do estado de ânimo 69
8. Síndromes amnésicas e hipermnésicas 79
9. As demências 89
10. Temas variados 99
    Referências 107

1
O QUE É A MEMÓRIA?

"Memória" significa aquisição, formação, conservação e evocação de informações. A aquisição é também chamada de aprendizado ou aprendizagem: só se "grava" aquilo que foi aprendido. A evocação é também chamada de recordação, lembrança, recuperação. Só lembramos aquilo que gravamos, aquilo que foi aprendido.

Podemos afirmar, conforme Norberto Bobbio, que **somos aquilo que recordamos**, literalmente. Não podemos fazer aquilo que não sabemos, nem comunicar nada que desconheçamos, isto é, nada que não esteja em nossa memória. Também não estão a nossa disposição os conhecimentos inacessíveis, nem fazem parte de nós episódios dos quais esquecemos ou que nunca vivemos. O acervo de nossas memórias faz cada um de nós ser o que é: um indivíduo, um ser para o qual não existe outro idêntico.

> *Memória* significa aquisição, formação, conservação e evocação de informações.

Alguém poderia acrescentar: "...e também somos o que resolvemos esquecer". Sem dúvida; mas não há como negar que isso já constitui um processo ativo, uma prática da memória. Nosso cérebro "lembra" quais são as memórias que não quer trazer à tona, e evita recordá-las: as humilhações, por exemplo, ou as situações profundamente desagradáveis ou inconvenientes. De fato, não as esquece, pelo contrário, lembra-as muito bem e muito seletivamente, mas as torna de difícil acesso.

O passado, nossas memórias, nossos esquecimentos voluntários, não só nos dizem quem somos, como também nos permitem projetar o futuro; isto é, nos dizem quem poderemos ser. O passado contém o acervo de dados, o único que possuímos, o tesouro que nos permite traçar linhas a partir dele, atravessando, rumo ao futuro, o efêmero presente em que vivemos. Não somos outra coisa se não isso; não podemos sê-lo. Se não temos hoje a medicina entre nossas memórias, não poderemos praticá-la amanhã. Se não nos lembramos de como se faz para caminhar, não poderemos fazê-lo. Se não recebemos amor quando crianças, dificilmente saberemos oferecê-lo quando adultos.

> **Só *lembramos* aquilo que gravamos, aquilo que foi aprendido.**

O conjunto das memórias de cada um determina aquilo que se denomina personalidade ou forma de ser. Um humano ou um animal criado no medo será mais cuidadoso, introvertido, lutador ou ressentido, dependendo de suas lembranças específicas mais do que de suas propriedades congênitas. Nem sequer as memórias dos seres clonados (como os gêmeos univitelinos) são iguais; as experiências de vida de cada um são diferentes. Uma vaca clonada de outra vaca terá mais ou menos acesso à comida do que a vaca original, ficará prenhe mais ou menos vezes, seus partos serão mais ou menos dolorosos, sofrerá mais com a chuva ou com o calor que a outra; e as duas não serão exatamente iguais, exceto na aparência física.

Memória têm os computadores, as bibliotecas, o cachorro que nos reconhece pelo cheiro depois de vários anos, os elefantes de quem se diz terem muita (mas ninguém mediu), os povos ou países e, logicamente, nós, os humanos.

Mas cada elefante, cada cachorro e cada ser humano é quem é, um indivíduo diferente de qualquer congênere, graças justamente à memória; a coleção pessoal de lembranças de cada indivíduo é distinta das demais, é única. Todos recordamos nossos pais, mas os pais de cada um de nós foram diferentes. Todos recordamos – em geral vaga, mas prazerosamente – a casa onde passamos nossa primeira infância; mas a infância de uns foi mais feliz que a de outros, e as casas de alguns desafortunados trazem más lembranças. Todos recordamos nossa rua, mas a rua de cada um foi diferente. Eu sou quem sou, cada um é quem é, porque todos lembramos de coisas que nos são próprias e exclusivas e não pertencem a mais ninguém. Nossas memórias fazem cada ser humano ou animal ser um ser único, um indivíduo.

O acervo das memórias de cada um nos converte em **indivíduos**. Porém, tanto nós como os demais animais, embora indivíduos, não sabemos viver muito bem em isolamento: formamos grupos. "Deus os cria, e eles se juntam", afirma o ditado popular. Esse fenômeno é tanto mais intenso e importante quanto mais evoluído seja o animal. A necessidade da interação entre membros da mesma espécie, ou entre diferentes espécies, inclui, como elemento-chave, a comunicação entre indivíduos. Essa comunicação é necessária para o bem-estar e para a sobrevivência. Nas espécies mais avançadas, o altruísmo, a defesa de ideais comuns e as emoções coletivas são parte de nossa memória e de nossa intercomunicação. Os golfinhos ajudam-se uns aos outros quando passam por dificuldades. Os humanos, embora às vezes pareça o contrário, também. Procuramos laços, geralmente culturais ou de afinidades e, com base em nossas memórias comuns, formamos grupos: comarcas, tribos, povos, cidades, comunidades, países. Consideramo-nos membros de civilizações inteiras, e isso nos dá segurança, porque nos proporciona conforto e identidade coletiva. Sentimo-nos apoiados pelo resto do grupo, chame-se família, bairro, cidade, país ou continente. Os europeus e os americanos, por exemplo, claramente pertencem à

Civilização Ocidental. Mas nela, pertencem de maneira mais entranhável aos grupos que sentem mais próximos, porque compartilham com eles uma série de memórias e uma história. É comum que, morando, digamos, nos Estados Unidos, os europeus tendam a se associar entre si e os latino-americanos também; geralmente mais do que com os nativos do lugar. A recordação de hábitos, costumes e tradições que nos são comuns leva a preferências afetivas e sociais.

A identidade dos povos, dos países e das civilizações provém de suas memórias comuns, cujo conjunto denomina-se História. A França é a França porque seus habitantes lembram-se de coisas francesas: Carlos Magno, Napoleão, Victor Hugo, Verlaine, a Torre Eiffel, Paris. O conjunto dessas lembranças faz os franceses se sentirem e serem franceses. O mesmo acontece com os demais países e as memórias em comum

> **Procuramos laços, geralmente culturais ou de afinidades e, com base em nossas memórias comuns, formamos grupos.**

de seus habitantes. Nós somos membros da Civilização Ocidental porque nossa história comum inclui Moisés, César, Jesus, o monoteísmo, os gregos, os romanos, os bárbaros, os celtas, os ibéricos, Colombo, Lutero, Michelangelo, as línguas europeias que todos falamos. Fora desse acervo histórico comum a todos, os povos do Ocidente, temos uma identidade individual que depende da história de cada um de nós. Assim, espanhóis, ingleses, estadunidenses, brasileiros, paraguaios e argentinos possuímos memórias (histórias) próprias de cada país e que nos distinguem dentro do marco maior da Civilização Ocidental. Como foi dito, ao nos encontrarmos em um meio cujo acervo coletivo de memórias é outro, descobrimos elos entre os diferentes grupos, com base na memória coletiva que promove novas associações. Assim, para um brasileiro na Filadélfia ou em Newark será em geral mais fácil estabelecer amizade com um paraguaio do que com um nativo de Idaho.

Em seu sentido mais amplo, então, a palavra "memória" abrange desde os ignotos mecanismos que operam nas placas de meu computador até a história de cada cidade, país, povo ou civilização, incluindo as memórias individuais dos animais e das pessoas. Mas a palavra "memória" quer dizer algo diferente em cada caso, porque os mecanismos de aquisição, armazenamento e evocação são diferentes.

Não convém, portanto, entrar no terreno fácil das generalizações e considerar que nossa memória é "igual" a algum tipo de memória dos computadores. Meu computador tem *chips* e precisa estar ligado na tomada para funcionar; eu certamente não. Aliás, se eu colocar os dedos na tomada sofrerei um choque e aprenderei uma memória da qual meu computador é profundamente incapaz: a de evitar colocar os dedos na tomada. Também não convém fazer demasiadas analogias entre memórias de

> **"Memória" abrange desde os ignotos mecanismos que operam nas placas de meu computador até a história de cada cidade, país, povo ou civilização.**

índole diferente, como a memória individual dos seres vivos pessoas e a memória coletiva dos países. Fora o aspecto mais amplo de sua definição, são coisas diferentes. Os processos subjacentes a cada uma são completamente distintos. A memória humana é parecida com a dos demais mamíferos no que se refere a seus mecanismos essenciais, às áreas nervosas envolvidas e a seu mecanismo molecular de operação; mas não em relação a seu conteúdo. Um ser humano lembra melodias e letras de canções, ou como praticar a medicina; um rato, não. Os seres humanos utilizam, a partir dos 2 ou 3 anos de idade, a linguagem para adquirir, codificar, guardar ou evocar memórias; as demais espécies animais, não. Mas, fora as áreas da linguagem, usamos mais ou menos as mesmas regiões do cérebro e mecanismos moleculares semelhantes em cada uma delas para construir e evocar memórias totalmente diferentes.

Neste livro, iremos nos ocupar da memória dos humanos e dos mamíferos. Muito do que se sabe da primeira vem de estudos feitos em animais de laboratório. As memórias são feitas por células nervosas (neurônios), armazenam-se em redes de neurônios e são evocadas pelas mesmas redes neuronais ou por outras. São moduladas pelas emoções, pelo nível de consciência e pelos estados de ânimo. Todos sabem como é fácil aprender ou evocar algo quando estamos alertas e de bom ânimo; e como fica difícil aprender qualquer coisa, ou até lembrar o nome de uma pessoa ou de uma canção, quando estamos cansados, deprimidos ou muito estressados.

Os maiores reguladores da aquisição, da formação e da evocação das memórias são justamente as emoções e os estados de ânimo. Nas experiências que deixam memórias, aos olhos que veem se somam o cérebro – que compara – e o coração – que bate acelerado. No momento de evocar, muitas vezes é o coração quem pede ao cérebro que lembre, e muitas vezes a lembrança acelera o coração.

Breves noções sobre os neurônios

É bom saber alguma coisa sobre os neurônios, já que são eles os que produzem, armazenam, evocam e modulam a memória animal. Há cerca de 80 bilhões de neurônios no cérebro humano.

Os neurônios têm prolongamentos, às vezes de vários centímetros, por meio dos quais estabelecem redes, comunicando-se uns com os outros. Os prolongamentos que emitem informação em forma de sinais elétricos a outros neurônios denominam-se *axônios*. Os prolongamentos sobre os quais os axônios colocam essa informação se chamam *dendritos* (Figura 1.1). A "transferência" de informação dos axônios para os dendritos é feita por meio de substâncias químicas produzidas nas terminações dos axônios, denominadas *neurotransmissores*. Os pontos onde as terminações axônicas mais se aproximam dos dendritos se chamam *sinapses*, as quais são os pontos reais de intercomunicação de células nervosas. Do lado dendrítico, nas sinapses, há proteínas específicas para cada neurotransmissor, chamadas *receptores*. Existem muitos neurotransmissores e muitos receptores diferentes. Nos próximos capítulos, veremos os principais neurotransmissores e receptores envolvidos nos processos de memória. Os neurônios "recebem" terminações de axônios de muitos outros neurônios (às vezes,

MEMÓRIA **5**

10 mil ou mais). Mas emitem um axônio só, que se ramifica no máximo 10 ou 20 vezes. É como se os neurônios soubessem que "ouvir é melhor do que falar": recebem informação de muitos outros neurônios, mas a retransmitem para poucos.

Os receptores com os quais os neurotransmissores interagem podem ser *excitatórios* ou *inibitórios*. Os excitatórios diminuem transitoriamente a diferença de potencial entre o líquido interior dos neurônios e o meio que os rodeia. Os inibitórios produzem o efeito contrário: aumentam esse potencial. Para que um neurônio possa produzir potenciais de ação e assim se comunicar com os seguintes, precisa ser despolarizado até certo nível, chamado *limiar* (Figura 1.1). Os efeitos excitatórios e inibitórios das interações entre os neurotransmissores e seus receptores devem-se ao fluxo de íons para o interior da célula, ou do interior da célula para fora. A entrada de íons positivos, ou *cátions* (sódio, cálcio), reduz a diferença de potencial entre o interior da célula, que é negativo, e o exterior. A entrada de íons negativos, ou *ânions* (cloro), ou a saída de cátions (potássio) produz um efeito contrário.

Os receptores que, ao serem ativados, deixam passar íons denominam-se *ionotrópicos*. Há, porém, outros que, em vez de permitir a passagem de íons para dentro ou para fora da célula nervosa, estimulam determinados processos metabólicos: os quais são chamados de *metabotrópicos*. Há também receptores nas terminações pré-sinápticas dos axônios por meio dos quais os mesmos neurotransmissores liberados em muitos casos agem sobre receptores que modulam a própria liberação. Por exemplo, receptores pré-sinápticos à noradrenalina ou ao ácido gama-aminobutírico (GABA; ver próximo parágrafo) inibem a liberação de noradrenalina ou de GABA.

Os axônios que liberam um ou outro tipo de neurotransmissor e os receptores a estes existentes nos dendritos costumam ser denominados segundo o nome do neurotransmissor. Assim, os axônios que liberam glutamato (o principal neurotransmissor excitatório) e seus receptores correspondentes são denominados *glutamatérgicos*. O principal neurotransmissor inibitório é chamado de GABA (da sigla em inglês do ácido **g**ama-**a**mino**b**utírico); os axônios que o liberam e os receptores aos quais se liga são denominados GABAérgicos. Os receptores à dopamina são chamados *dopaminérgicos*, e os axônios que liberam esse neurotransmissor também. Os receptores à noradrenalina se chamam *noradrenérgicos*, assim como os axônios que liberam essa substância. No caso da serotonina, usam-se os termos *serotonérgico* ou *serotoninérgico*. No caso em que o neurotransmissor é a acetilcolina, emprega-se a expressão *colinérgico*.

Há muitos subtipos de cada receptor e, em cada caso, a interação do respectivo neurotransmissor sobre eles produz efeitos completamente diferentes. Assim, para os receptores dopaminérgicos, há os subtipos D1, D2, etc.; para os noradrenérgicos, os subtipos a, b, etc.; para os serotoninérgicos, os 1A, 1B, 2A, etc.; para os colinérgicos, os muscarínicos e os nicotínicos. Essts últimos são assim chamados porque, no primeiro, a substância muscarina é capaz de mimetizar os efeitos da acetilcolina, e nos segundos, a nicotina é capaz de fazê-lo.

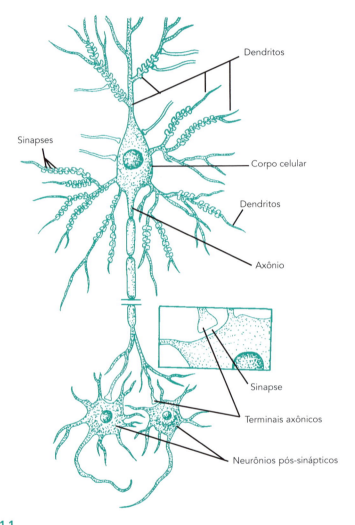

Figura 1.1
Célula piramidal do córtex ou do hipocampo. Observa-se que há muitas sinapses em seus dendritos e que ela emite um axônio que se ramifica e faz, por sua vez, sinapse com outros neurônios de formato diferente. Uma dessas sinapses é apresentada em forma ampliada, à direita.

Existem substâncias que imitam ou mimetizam o efeito dos transmissores sobre seus receptores. Duas já foram mencionadas, ambas de origem vegetal, em relação aos receptores colinérgicos: a muscarina e a nicotina. Essas substâncias miméticas, junto com o próprio neurotransmissor, são denominadas *agonistas*. Assim, a acetilcolina e a muscarina são *agonistas muscarínicos*, e a acetilcolina e a nicotina são *agonistas nicotínicos*.

Há também substâncias capazes de se ligar aos receptores em lugar dos neurotransmissores correspondentes, impedindo, dessa forma, sua ação. Essas substâncias denominam-se *antagonistas*. Por exemplo, a escopolamina é um *antagonista muscarínico* ou de receptores muscarínicos. Hoje, há agonistas e antagonistas sintéticos para todos os subtipos de receptores conhecidos (mais de 2 mil), e os papéis dos neurotransmissores e de cada receptor são estudados por meio do emprego dessas substâncias.

O glutamato, o GABA, a dopamina, a noradrenalina, a serotonina e a acetilcolina são moléculas simples e relativamente pequenas. São os principais neurotransmissores envolvidos nos processos de memória. Existem, porém, muitos outros, de moléculas maiores; muitos desses são peptídeos, ou seja, sequências de aminoácidos mais curtas do que aquelas que constituem as proteínas.

> **O glutamato, o GABA, a dopamina, a noradrenalina, a serotonina e a acetilcolina são moléculas simples e relativamente pequenas. São os principais neurotransmissores envolvidos nos processos de memória.**

Há substâncias liberadas pelos axônios que atingem receptores disseminados por muitos neurônios vizinhos, e não simplesmente o dendrito mais próximo. Essas substâncias se denominam *neuromoduladores*. Muitos são de natureza peptídica, como a *betaendorfina*, que é liberada por neurônios cujo corpo celular está no hipotálamo sobre muitas células do próprio hipotálamo e da área imediatamente anterior a este, denominada área pré-óptica, e no núcleo amigdalino, ou *amígdala*. Os hormônios hipofisários *vasopressina* e *oxitocina*, que regulam a produção de urina e as contrações do útero, respectivamente, atuam também sobre numerosas sinapses mais ou menos esparsas. O óxido nítrico (NO) e o monóxido de carbono (CO) são liberados pelos dendritos de sinapses glutamatérgicas, que acabam de ser estimuladas, e difundem rumo ao axônio que foi estimulado e a muitos outros na vizinhança, em um raio de 0,1 mm ou mais. Existem centenas de neuromoduladores. Aqui, só foram mencionados os mais importantes em relação à memória. Além disso, há agonistas e antagonistas dos moduladores, usados muitas vezes como medicamentos ou como ferramentas para a pesquisa biológica de sua função.

SOBRE RATOS, CAMUNDONGOS E AVES

É possível intervir nas redes de neurônios dos animais de laboratório por meio de estimulação elétrica, extirpação de grupos delas ou administração de substâncias que agem sobre elas. Também é possível analisar as alterações bioquímicas produzidas nos neurônios por estimulação, formação ou evocação de determinada memória. Podemos colocar cânulas ou eletrodos no cérebro de animais, como, por exemplo, ratos ou camundongos de laboratório criados especialmente para uso experimental. Graças a isso, foi possível desvendar os mecanismos principais de muitas funções nervosas, entre elas a memória. Como, basicamente, os sistemas neuronais de todas as espécies de mamíferos são muito semelhantes (o homem, o rato e o camundongo possuem lobos cerebrais), podemos fazer inferências sensatas de achados em uma dessas espécies e relacioná-las aos humanos. Uma lesão do lobo temporal produz alterações semelhantes de memória no homem e no camundongo, por exemplo. A interferência em determinado passo de uma cadeia de reações bioquímicas no cérebro do rato e do homem tem efeitos parecidos sobre a memória em ambas as espécies.

Muitos achados em aves ou em invertebrados indicam que os mecanismos essenciais da formação de memória são semelhantes aos dos mamíferos e podem ser considerados, portanto, propriedades básicas dos sistemas nervosos em geral, seja qual for a espécie. Uma lesma, uma abelha, um pinto, um camundongo e um ser humano, quando submetidos a um estímulo que causa desconforto, aprendem basicamente a mesma coisa: evitar esse estímulo. De fato, isso constitui uma forma de aprendizagem denominada *esquiva inibitória*: o animal inibe sua tendência a colocar os dedos na tomada ou o bico onde não deve. Essa é, por várias razões, a forma de aprendizagem mais utilizada nos estudos biológicos sobre a memória: é muito simples, se adquire em uma única vez, permanece por muito tempo (às vezes, por toda a vida) e tem um valor biológico importante. É o mesmo tipo de aprendizado que usamos para olhar para os lados antes de atravessar a rua ou para evitar lugares perigosos ou pessoas que nos são desagradáveis.

A MEMÓRIA E SUAS DEFORMAÇÕES

Nossa memória pessoal e coletiva descarta o trivial e, às vezes, incorpora fatos irreais. Vamos perdendo, ao longo dos dias e dos anos, aquilo que não interessa, aquilo que não nos marcou: ninguém se lembra do ano em que foi construída aquela casa feia do outro quarteirão ou de onde morava aquele colega da escola com quem tivemos pouco contato. Não costumamos lembrar sequer detalhes da tarde de ontem. Mas também vamos incorporando, ao longo dos anos, mentiras e variações que geralmente as enriquecem. Pessoas (avós, tios, amigos, companheiros da escola) que não foram, em seu momento, mais do que comuns, adquirem um verniz heroico ou de alguma maneira brilhante. Em geral, somos benignos e piedosos quando lembramos os mortos, embora, em vida, os considerássemos uns canalhas. Inúmeras estátuas equestres nas praças públicas o atestam: lá cavalgam briosamente personagens que, em vida, foram odiados ou ignorados pelo povo. Os gregos e todo o Ocidente lembram a Atenas de Péricles como algo glorioso; não como uma terra onde havia escravos. O Brasil se sente mais Brasil quando se lembra do samba, não dos pelourinhos e dos látegos que castigavam seus criadores. A Espanha se sente mais Espanha quando lembra a gloriosa Isabel em cujo reinado o país se unificou e foi descoberta a América, não quando lembra a Isabel inflexível que expulsou os mouros e os judeus.

"Memória" e memórias

As memórias dos humanos e dos animais provêm das experiências. Por isso, é mais sensato falar em "memórias", e não em "Memória", já que há tantas memórias quanto experiências possíveis. É evidente que a memória de ter colocado os dedos na tomada não é igual à da primeira namorada, à da casa da infância, à de saber andar de bicicleta, à do perfume fugaz de uma flor, à de toda a medicina. Algumas dessas memórias são adquiridas em segundos (a da tomada, a da flor), outras em semanas (andar de bicicleta), outras em anos (a medicina). Umas são muito visuais (a casa da infância), outras só olfativas (a do perfume da flor), outras quase completamente motoras ou musculares (nadar, andar de bicicleta). Algumas dão prazer; outras são terríveis. Algumas memórias consistem em uma súbita associação de outras memórias preexistentes, como quando Arquimedes gritou "Eureka!". Outras não requerem qualquer conhecimento prévio, como a deixada pela experiência dos dedos na tomada. Algumas consistem em um baralhar de memórias sem a lógica associativa que usamos na vigília: os sonhos, dos quais muitas vezes nos lembramos mais do que dos fatos reais, e com eles os misturamos.

> As memórias dos humanos e dos animais provêm das experiências. Por isso, é mais sensato falar em "memórias", e não em "Memória".

Certamente, os mecanismos nervosos de cada um desses tipos de memória não podem ser os mesmos; e muito menos os componentes emocionais de cada uma. Neste livro, veremos quais são esses mecanismos nervosos e como são influenciados pelos diversos componentes emocionais.

Talvez seja sensato reservar o uso da palavra Memória para designar a capacidade geral do cérebro e dos outros sistemas para adquirir, guardar e lembrar informações; e utilizar a palavra "memórias" para designar cada uma ou cada tipo delas.

O próprio conceito de memória envolve abstrações. Podemos lembrar de maneira vívida o perfume de uma flor, um acontecimento, um rosto, um poema, a partitura de uma sinfonia inteira, como fazia Mozart quando criança, ou um vastíssimo repertório de jogadas possíveis de xadrez, como fazem os grandes mestres desse jogo. Mas a lembrança não é igual à realidade. A memória do perfume da rosa não nos traz a rosa; a dos cabelos da primeira namorada não a traz de volta; a da voz do amigo falecido não o ressuscita. Há um passe de prestidigitação cerebral nisso; o cérebro converte a realidade em códigos e a evoca também por meio de códigos.

A memória que eu possa construir a partir de determinada cena ou de um acontecimento não é a mesma que fará um cachorro, que tem uma visão muito pior, mas um olfato muito melhor do que eu, e não possui linguagem. Nós costumamos traduzir imagens, conhecimentos e pessoas em palavras, e muitas vezes as guardamos como memórias, só como tais. No decorrer dos anos, essas palavras acabam ficando vazias de conteúdo e acabam se perdendo também. A medicina está cheia de exemplos disso. Há pouco mais de um século, Charcot e Freud estudavam a "histeria"; há 70 ou 80 anos os psiquiatras estudavam a *surménage*. Nenhuma das duas doenças existe na nomenclatura médica de hoje em dia: a histeria dissolveu-se em várias síndromes que levam outros nomes; a *surménage,* hoje, é conhecida como uma das formas mais perversas da depressão, aquela que decorre do próprio trabalho ou do exercício da profissão ou da atividade com que ganhamos a vida e da qual não podemos prescindir (síndrome do *burnout*).

> Existe um processo de tradução entre a realidade das experiências e a formação da memória respectiva; e outro entre esta e a correspondente evocação.

A síndrome do *burnout* é bastante frequente em cuidadores de pacientes crônicos e médicos que trabalham somente em urgências e estão, portanto, em permanente contato com a tragédia humana, quase sem descanso.

Existe um processo de tradução entre a realidade das experiências e a formação da memória respectiva; e outro entre esta e a correspondente evocação. Como foi dito, nós, os humanos, usamos muito a linguagem para fazer essas traduções; os animais não. As emoções, o contexto e a combinação de ambos influenciam a aquisição e a evocação, como veremos mais adiante.

Os processos de tradução, na aquisição e na evocação, devem-se ao fato de que, em ambas as ocasiões, assim como durante o longo processo de consolidação ou formação de cada memória, utilizam-se redes complexas de neurônios. Os códigos e processos utilizados pelos neurônios não são idênticos à realidade da qual extraem ou à qual revertem as informações. Uma experiência visual penetra pela retina, é transformada em sinais elétricos, chega por meio de várias conexões neuronais ao córtex occipital e, lá, produz uma série de processos bioquímicos hoje bastante conhecidos. Uma informação verbal, embora possa penetrar também pela retina (por exemplo, quando lemos), acaba em outras regiões do córtex cerebral. A leitura de uma partitura musical, embora também tenha como ponto de origem a retina, ocupa depois múltiplas redes de células de muitas regiões do córtex cerebral. A informação olfativa penetra pelo nariz, não pelos olhos; a gustativa pela língua, etc. Há regiões do cérebro em que todas essas vias convergem. Essas regiões, como veremos, são usadas na formação e na evocação de memórias.

Ao converter a realidade em um complexo código de sinais elétricos e bioquímicos, os neurônios traduzem. Na evocação, ao reverter essa informação para o meio que nos rodeia, os neurônios reconvertem sinais bioquímicos ou estruturais em elétricos, de maneira que novamente nossos sentidos e nossa consciência possam interpretá-los como pertencendo a um mundo real.

Em cada tradução, ocorrem perdas ou mudanças. Qualquer um que tenha lido poemas no idioma original e depois em uma tradução terá percebido que há uma perda ou uma mudança. Os italianos cunharam, há muitos anos, a expressão *"traduttore = traditore"* ("tradutor = traidor") para denotar essas perdas e alterações.

Ao penetrar na análise do que é a "Memória" ou, quem sabe, somente de "o que são as memórias", atravessamos uma fronteira um pouco mágica. Espero que o leitor me acompanhe na exploração dessas magias nas páginas que seguem. Borges escreveu contos magníficos sobre objetos reais criados pelo pensamento ou pela memória. Isso é, claro, ficção. No estudo da memória real dos humanos ou dos animais, não se chega a tanto. Mas é um lado da ciência em que a magia está bastante presente; um lado em que há vários jogos de biombos ou de espelhos em cada tradução ou transformação.

Visto que, afinal, traduzir quer dizer não só verter a outro código, mas também transformar. Há algo de prestidigitação nessa arte que tem o cérebro de fazer memórias, de transformar realidades, conservá-las, às vezes modificá-las e revertê-las ao mundo real. E há também magia naquela outra nobre arte, a do esquecimento, sem o qual o próprio Borges afirmou que é impossível pensar (Izquierdo, 2010). Sem o esquecimento, o convívio entre os membros de qualquer espécie animal, inclusive os humanos, seria impossível. Cada reunião de condomínio, cada jogo de futebol, cada eleição para vereador ou cada discussão de um casal acabariam em um desastre. Um dos maiores estudiosos da memória, o norte-americano James McGaugh, disse que "a característica mais saliente da memória é justamente o esquecimento". Se pedirmos para o médico mais famoso da Terra que nos conte tudo o que sabe de medicina, ele poderá fazê-lo em poucas horas; no entanto, levou seis anos de faculdade, quatro de residência e décadas de prática para aprendê-lo. A maioria de tudo aquilo que aprendemos, de todas as inúmeras memórias que formamos na vida, se extingue ou se perde.

Outros grandes investigadores da memória, como o também norte-americano Larry Squire ou a inglesa Elizabeth Warrington, manifestaram sua perplexidade diante do fato de que nos quadros degenerativos cerebrais mais graves, em que o esquecimento é enorme (por exemplo, a doença de Alzheimer), sejam tantas as memórias que ainda se conservam. A sugestão que emerge desse fato é que, no meio das lesões, persistam "ilhas" compostas por redes neuronais funcionantes, sadias e mais ou menos preservadas, nas quais sobrevivem algumas memórias. Os trabalhos de Squire e de Warrington podem ser facilmente encontrados no *site* EntrezPubMed ou outros que tenham acesso à Medline, na internet.

Nas próximas páginas, exploraremos os diferentes tipos ou formas de memória, seus mecanismos, sua patologia, sua modulação pelas emoções e, claro, o esquecimento.

2
TIPOS E FORMAS DE MEMÓRIA

As memórias são classificadas:
(1) de acordo com sua função,
(2) de acordo com o tempo que duram e
(3) de acordo com seu conteúdo.

TIPOS DE MEMÓRIA SEGUNDO SUA FUNÇÃO: MEMÓRIA DE TRABALHO

Basicamente, há dois tipos de memória de acordo com sua função. Uma, muito breve e fugaz, serve para "gerenciar a realidade" e determinar o contexto em que os diversos fatos, acontecimentos ou outro tipo de informação ocorrem, se vale a pena ou não fazer uma nova memória disso ou se esse tipo de informação já consta dos arquivos. É a **memória de trabalho**, também chamada memória operacional. Basicamente, é uma memória "*on-line*". Mantém, durante a aquisição e durante mais alguns segundos, no máximo poucos minutos, a informação que está sendo processada no momento. Ajuda a saber onde estamos ou o que estamos fazendo a cada momento, e o que fizemos ou onde estávamos no momento anterior. Dá continuidade, assim, a nossos atos.

A memória de trabalho diferencia-se das demais porque não deixa traços, não tem uma base de sustentação bioquímica e não deixa arquivos. Os demais tipos de memória, como veremos, sim.

A memória de trabalho se define melhor mediante exemplos. É a que usamos, por exemplo, quando "conservamos" na lembrança por alguns segundos a terceira palavra da frase anterior (que, a esta altura, já esquecemos). A retenção dessa

> **Usamos a memória de trabalho quando perguntamos a alguém o número de telefone do dentista: conservamos esse número o tempo suficiente para discá-lo e, uma vez feita a comunicação correspondente, o esquecemos.**

palavra só serviu para conseguir entender essa frase, seu contexto e o significado do que veio a seguir. Usamos a memória de trabalho quando perguntamos a alguém um número de telefone: conservamos esse número o tempo suficiente para discá-lo e, uma vez feito o chamado, o esquecemos. O exemplo da terceira palavra de minha frase anterior é típico de memória de trabalho: ao ler, a conservamos por alguns segundos, o suficiente para poder entender a frase em questão e talvez a seguinte; mas a esquecemos logo depois. Ao escrevê-la, eu também tive que conservá-la na minha mente por alguns segundos para saber o que estava escrevendo, e apagá-la logo depois, para não confundir minha escrita.

A memória de trabalho pode ser medida por meio da **memória imediata** e, de fato, ambos os termos podem ser considerados sinônimos. Um bom teste de memória de trabalho, muito utilizado na clínica, é o da lembrança de números. No Brasil, esse teste é conhecido por seu nome em inglês: *digit span*. Mostram-se, ou falam-se, para o paciente, vários números. Depois de alguns segundos, os sujeitos normais geralmente conseguem lembrar 10 ou menos desses algarismos. Um paciente com a doença de Alzheimer em estado avançado consegue lembrar apenas um, talvez dois.

A memória de trabalho é processada fundamentalmente pelo **córtex pré-frontal** (Figura 2.1) anterolateral e órbito-frontal e suas conexões com a amígdala basolateral e o hipocampo, através do córtex entorrinal, embaixo do lobo temporal. A memória de trabalho depende, simplesmente, da atividade elétrica dos neurônios dessas regiões: há neurônios que "disparam" seus potenciais de ação no início; outros, no meio; e outros, no fim dos acontecimentos, sejam estes quais forem. As células que detectam o início e o fim dos acontecimentos denominam-se neurônios *on* e neurônios *off*, encontrados não só no córtex pré-frontal, mas também em todas as vias sensoriais.

Muitos primatas não humanos têm uma capacidade de memória de trabalho tão boa quanto a dos humanos. Em todas as espécies, o córtex pré-frontal atua em "conluio" com o córtex entorrinal, com o córtex parietal superior e cingulado anterior e com o hipocampo para gerir a memória de trabalho. O "conluio" é feito mediante a troca de informações entre essas regiões cerebrais por meio de suas conexões.

A memória de trabalho não é acompanhada por alterações bioquímicas. Seu processamento breve e fugaz parece depender fundamentalmente da atividade elétrica dos neurônios do córtex pré-frontal e hipocampo. Mas, como vimos, essa atividade elétrica neuronal, ao viajar pelos axônios e atingir suas extremidades, libera neurotransmissores sobre proteínas receptoras dos neurônios seguintes, comunicando, assim, traduções bioquímicas da informação processada. O córtex pré-frontal recebe axônios de regiões cerebrais vinculadas com a regulação dos estados de ânimo, dos níveis de consciência e das emoções. Os neurotransmissores liberados por esses axônios, que vêm de estruturas muito distantes que estudaremos em capítulos posteriores, modulam intensamente as células do lobo frontal que se encarregam da memória de trabalho. Os principais neurotransmissores moduladores da memória de trabalho no córtex pré-frontal anterolateral são a acetilcolina agindo sobre receptores muscarínicos e a dopamina agindo sobre receptores D1.

Isso explica o fato tão conhecido de que um estado de ânimo negativo, por exemplo, por falta de sono, por depressão ou por simples tristeza ou desânimo, perturba nossa memória de trabalho. Todos nós alguma vez tivemos a experiência de quanto custa ler ou ouvir e entender algo, ou simplesmente recordar um número telefônico por tempo suficiente para discá-lo, quando estamos distraídos, desanimados, cansados ou sem vontade.

Muitos não consideram a memória de trabalho como um verdadeiro tipo de memória, mas como um sistema gerenciador central (*central manager*) que mantém a informação "viva" pelo tempo suficiente para poder eventualmente entrar ou não na memória propriamente dita. A expressão "memória de trabalho" provém da área da computação e se emprega pela analogia com sistemas que cumprem essa função nos computadores. De fato, a

> **A expressão "memória de trabalho" provém da área da computação e se emprega pela analogia com sistemas que cumprem essa função nos computadores.**

memória de trabalho dos animais e dos humanos obedece simplesmente à atividade neural de células do córtex pré-frontal em resposta imediata ou levemente retardada (segundos, ocasionalmente minutos) aos estímulos que a colocam em ação. Não deixa traços neuroquímicos ou comportamentais.

O papel gerenciador da memória de trabalho decorre do fato de que esta, no momento de receber qualquer tipo de informação, deve determinar, entre outras coisas, se a informação é nova ou não e, em último caso, se é útil para o organismo ou não. Para tanto, a memória de trabalho deve ter acesso rápido às memórias preexistentes no indivíduo. Se a informação que lhe chega é nova, não haverá registro dela no resto do cérebro, e o sujeito pode aprender (formar uma nova memória) aquilo que está recebendo do mundo externo ou interno. Essas explorações da memória, realizadas pelo sistema gerenciador do córtex pré-frontal, são feitas, por meio das conexões dessa região, via córtex entorrinal, com o hipocampo e com as demais áreas envolvidas nos processos de memória em geral (Figura 2.1). As possibilidades de que, ante uma situação nova, ocorra ou não um aprendizado estão determinadas pela memória de trabalho e suas conexões com os demais sistemas mnemônicos.

Da mesma forma, para verificar se a informação que está chegando é útil ou prejudicial para o organismo, a memória de trabalho deve indagar, junto aos demais sistemas mnemônicos, por meio do córtex entorrinal, as possíveis relações da experiência atual com outras semelhantes das quais possa haver registro. Perante um inseto desconhecido que é observado pela primeira vez, o córtex precisa verificar se não há memórias de outros insetos parecidos em tamanho, forma ou cor. Se, ao fazê-lo, verifica que o animal presente é muito semelhante a outro que transmite doenças, por exemplo, o organismo poderá reagir fugindo do inseto ou eliminando-o. Se não encontra

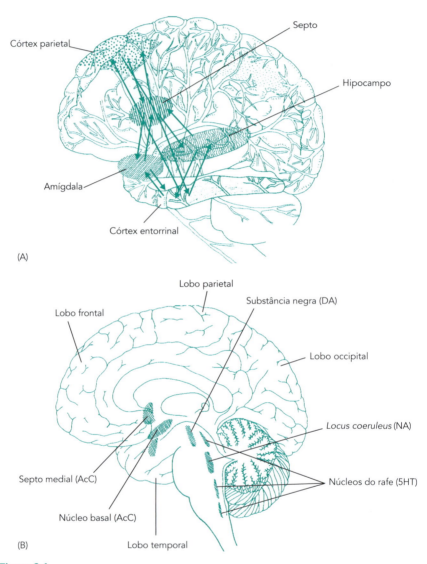

Figura 2.1
(A) Mapa das principais áreas cerebrais envolvidas no processamento das memórias declarativas. Todas essas áreas estão interconectadas entre si e com o hipocampo por meio do córtex entorrinal. Além disso, todas recebem inervação dos grandes sistemas moduladores: o da dopamina, o da noradrenalina, o da serotonina e o da acetilcolina. (B) Localização dos corpos celulares dos neurônios dos diversos sistemas moduladores.

MEMÓRIA **17**

registros perigosos de insetos ou outros seres semelhantes ao que está sendo observado, poderá adotar uma atitude de indiferença ou de simples observação.

Esses exemplos ilustram a importância do sistema operacional do córtex pré-frontal para a sobrevivência e para o "diálogo" constante com o meio e com as próprias lembranças. Esse diálogo depende da breve conservação da informação pertinente no cérebro por tempo suficiente para examiná-la e compará-la (segundos, poucos minutos), e do acervo de memórias de curta ou longa duração, declarativas ou procedurais, de cada indivíduo.

A memória de trabalho[1] permite ainda o ajuste fino do comportamento enquanto este acontece. Uma falha na memória de trabalho dificultaria ou anularia o julgamento sobre a importância dos acontecimentos que ocorrem constantemente e, portanto, prejudicaria nossa percepção da realidade. Na **esquizofrenia**, há falha na memória de trabalho: o sujeito fica incapaz de entender o mundo que o rodeia. Por exemplo, o paciente pode enxergar uma parede com pessoas apoiadas contra ela como uma espécie de quadro ou como uma massa monstruosa cheia de corpos, cabeças e pernas. Ele não discrimina as memórias simultâneas ou sucessivas dessas pessoas que está vendo. Muitos autores modernos admitem que o caráter alucinatório da realidade para os esquizofrênicos deriva da falha na memória de trabalho. Nessa doença, observam-se alterações morfológicas, geralmente congênitas, não só do córtex pré-frontal anterolateral, mas também de várias sub-regiões do hipocampo (Figura 2.1). Assim, o hipocampo, que é o principal encarregado de formar memórias declarativas, as forma mal, e o conteúdo delas pode ser alucinatório.

TIPOS DE MEMÓRIA DE ACORDO COM SEU CONTEÚDO: MEMÓRIAS DECLARATIVAS E PROCEDURAIS

As memórias que registram fatos, eventos ou conhecimento são chamadas **declarativas**, porque nós, os humanos, podemos "declarar" que existem e descrever como as adquirimos. Entre elas, encontram-se as memórias referentes a eventos aos quais assistimos ou dos quais participamos: essas memórias denominam-se **episódicas** ou **autobiográficas**. As memórias de conhecimentos mais gerais são denominadas **semânticas**. As lembranças de nossa formatura, de um rosto, de um filme ou de algo que lemos ou que nos contaram são memórias episódicas. As memórias episódicas são todas **autobiográficas**. Existem uma vez que sabemos pessoalmente sua origem. Já nossos conhecimentos de português, medicina, química e psicologia, ou do perfume das rosas, são memórias semânticas.

Quase sempre, as memórias semânticas (por exemplo, o inglês) são adquiridas por meio de memórias episódicas (por exemplo, as aulas de inglês). Podemos, é

---

[1] Para mais dados sobre a concepção moderna de memória de trabalho, consultar os artigos mais recentes de Joaquin Fuster no *site* EntrezPubmed ou qualquer outro acesso à Medline na internet.

claro, lembrar os episódios por meio dos quais adquirimos memórias semânticas: cada aula de inglês, a última vez que cheiramos uma rosa, o dia em que memorizamos um poema. Não sabemos o que constitui o limite entre o começo e a sequência de um episódio, ou entre esta e seu fim. Na verdade, não sabemos quando o cérebro decide que "aqui começou" e depois que "aqui acabou" determinado episódio. A determinação do início e do fim de cada episódio envolve uma interação entre memória declarativa e memória de trabalho por meio de suas áreas respectivas (Piolino, Desgranges, & Eustache, 2009). É possível que a memória de trabalho, por meio de seus neurônios "*on*" e "*off*", tenha algo a ver com isso. As memórias episódicas são caracteristicamente humanas, e a literatura sobre sua estrutura temporal ou psicológica refere-se a humanos quase em sua totalidade. Porém, não há dúvida de que os animais têm memória episódica. Na verdade, em se tratando de memórias declarativas, os experimentos em animais de laboratório abrangem quase exclusivamente memórias episódicas (reconhecer um evento, lembrar se ele exige fugir ou lutar, se é agradável ou não, reconhecer seu contexto, etc.).

Denominam-se memórias **procedurais** ou **de procedimentos** as memórias de capacidades ou habilidades motoras e/ou sensoriais e o que comumente chamamos de "hábitos". Exemplos típicos são as memórias de como andar de bicicleta, nadar, saltar, soletrar, tocar em um teclado, etc. É difícil "declarar" que possuímos tais memórias; para demonstrar que as temos, devemos executá-las. Uma partitura aprendida de cor é uma memória episódica; sua execução em um teclado é claramente procedural, como o é andar de bicicleta, nadar, saltar ou soletrar.

Seguindo os autores mais modernos (Danion, Meulemans, Kauffmann-Muller, & Vermaat, 2001), podemos dividir esses dois tipos de memória em **explícitas** e **implícitas**. (Até poucos anos atrás, consideravam-se explícitas só as memórias declarativas.) As memórias de procedimentos são, em geral, adquiridas de maneira implícita, mais ou menos automática, e sem que o sujeito perceba de forma clara que as está aprendendo: mostra-se difícil, senão impossível, descrever de forma coerente (e, portanto, tornar explícito) cada passo da aquisição da capacidade de andar de bicicleta. Já as memórias adquiridas com plena intervenção da consciência, são chamadas de explícitas. Essas palavras (implícitas, explícitas) tornam óbvia a postulação de uma forma de armazenamento ou de um lugar do cérebro especificamente "inconsciente", que era a base da psicologia e da psiquiatria de um século atrás. Elas foram muito influenciadas pela psicanálise de Sigmund Freud, de enorme influência cultural entre o início e meados do século XX, sendo modificadas por Lacan e outros. Hoje, muitos terapeutas seguem os rumos ditados pelas terapias cognitivas e comportamentais, mais rápidas e baseadas no avanço espetacular da neurociência.

Muitas memorias semânticas também são adquiridas de maneira inconsciente ou implícita, por exemplo, a língua materna. Na maioria das síndromes amnésicas, encontram-se preservadas a maioria das memórias procedurais e boa parte das memórias semânticas adquiridas de maneira implícita. As exceções são a doença de Alzheimer em sua fase terminal e a doença de Parkinson em seus estágios mais avançados (Capítulo 7).

LOCALIZAÇÃO DAS MEMÓRIAS E FUNÇÃO CEREBRAL

Tanto as memórias episódicas quanto as semânticas requerem, para seu correto funcionamento na aquisição, na formação ou na evocação, uma boa memória de trabalho e, portanto, um bom funcionamento do córtex pré-frontal.

A localização da memória de trabalho no córtex pré-frontal explica parte das muitas funções dessa importante região do cérebro. Estudos de imagem de ressonância magnética funcional (fMRI), que medem basicamente o fluxo sanguíneo nas estruturas cerebrais em pessoas, permitiram observar que várias regiões do córtex pré-frontal (predominantemente a anterolateral, a supraorbitária e a medial) ativam-se durante a execução da memória de trabalho. Estudos com lesões demonstraram um papel-chave do córtex pré-frontal anterolateral e medial nesse tipo de memória.

Inibidores de receptores dopaminérgicos de tipo D1 ou colinérgicos muscarínicos aplicados nessa região dificultam ou cancelam a memória de trabalho. Lesões no córtex pré-frontal afetam profundamente a tomada de decisões dos sujeitos; nos humanos, inibem a atribuição de valor moral às ações dos outros e, sobretudo, às do próprio sujeito. Muitos psicopatas apresentam lesões, às vezes congênitas, em diferentes regiões do córtex pré-frontal.

As estruturas nervosas principais responsáveis pelas memórias declarativas episódicas e semânticas são duas áreas intercomunicadas do lobo temporal: o hipocampo e o córtex entorrinal. Ambas trabalham associadas entre si e em comunicação com outras regiões do córtex, como o córtex cingulado e o córtex parietal, e com os núcleos basal e lateral da amígdala, que, como veremos a seguir, são também importantes moduladores da formação e da evocação da memória. Alguns autores distinguem sub-regiões diferentes nessas áreas encarregadas das memórias semânticas e episódicas. Porém, a maioria considera difícil ou ilusória essa distinção. Na doença de Alzheimer e em outras patologias degenerativas do cérebro com perda de memória, as lesões características de cada uma aparecem primeiro no córtex entorrinal e no hipocampo e, mais tarde, no córtex pré-frontal e parietal e outros (ver Capítulo 9).

As principais regiões moduladoras da formação de memórias declarativas são a área basolateral do núcleo amigdalino, ou amígdala, localizada também no lobo temporal (em suas fases iniciais), e as grandes regiões reguladoras dos estados de ânimo e de alerta, da ansiedade e das emoções, localizadas a distância: a substância negra, o *locus coeruleus*, os núcleos da rafe e o núcleo basal de Meynert (Figura 2.1). Além de modular, a amígdala também armazena memórias, principalmente quando elas têm componentes de alerta emocional (Izquierdo, Furini, & Myskiw, 2016). Basta lembrar que os axônios dessas quatro estruturas inervam o hipocampo, a amígdala e o córtex entorrinal, o cingulado e o parietal, e liberam, respectivamente, os neurotransmissores dopamina, noradrenalina, serotonina e acetilcolina. Recentemente, a imprensa tem popularizado bastante o nome desses neurotransmissores, devido ao fato de que muitos medicamentos de uso corriqueiro para o tratamento de ansiedade, depressão e outras alterações das emoções ou do estado de ânimo agem alterando a função desses neurotransmissores. Mas, contrariamente à opinião dos jornalistas, nenhum deles é "o transmissor da felicidade" ou "do prazer" ou "da angústia" ou "da excitação". Tudo depende de onde são liberados e sobre que receptores de que estrutura atuam. A dopamina, por exemplo, agindo sobre receptores D1 no núcleo *accumbens*, é mediadora da dependência de substâncias; atuando em outros locais sobre o mesmo tipo de receptor, é mediadora da atenção; em outros, de algumas sensações prazerosas; em outros (hipocampo, amígdala), da formação de memórias e/ou de sua persistência (ver Capítulos 3 e 5).

A amígdala basolateral recebe, na hora da formação das memórias, o impacto inicial de hormônios periféricos (principalmente os corticoides) liberados no sangue pelo estresse ou pela emoção excessiva. É o núcleo por meio do qual essas substâncias modulam as memórias. Sua ativação faz essas memórias serem registradas melhor do que as outras. A adrenalina é também liberada perifericamente em situações de alerta, estresse ou exercício. Contudo, não atravessa a barreira que existe entre os capilares sanguíneos e o tecido encefálico, chamada barreira hematencefálica; age de maneira reflexa sobre a amígdala e sobre outras regiões cerebrais, modificando localmente a pressão sanguínea. O mesmo faz a noradrenalina liberada perifericamente pela estimulação do sistema simpático, cujos efeitos são semelhantes aos da adrenalina.

Os circuitos responsáveis pelas memórias de procedimentos envolvem o núcleo caudado (inervado pela substância negra) e o cerebelo. Algumas delas também utilizam circuitos do lobo temporal (hipocampo, córtex entorrinal) nos primeiros dias depois de sua aquisição. Só se notam falhas significativasda memória procedural nas fases mais avançadas da doença de Alzheimer ou da doença de Parkinson, em que há lesões da substância negra e disfunção de sua conexão com o núcleo caudado, que se encarrega do controle motor. Nas fases mais avançadas da doença de Parkinson, observa-se também um detrimento das memórias declarativas, cuja causa não é bem-conhecida. Alguns autores atribuem ao núcleo caudado um papel na formação de memórias declarativas, paralelo ao do hipocampo, mas diferente deste e limitado só às interações estímulo-resposta mais simples. Para discussões sobre esse papel ainda controverso, recomendamos ao leitor interessado que consulte o *site* EntrezPubMed.

As memórias de procedimentos ou implícitas sofrem pouca modulação pelas emoções ou pelos estados de ânimo. A principal modulação dessas memórias é pela via substância negra → núcleo caudado, que pode explicar, por exemplo, a aparição, o aumento ou a diminuição de tremores ou alterações do tônus muscular, que, muitas vezes, são observados quando somos vítimas de tensões emocionais e queremos fazer ou deixar de fazer determinado movimento. A ansiedade intensifica a rigidez e os tremores da doença de Parkinson.

Em resumo, de acordo com seu conteúdo, as memórias dividem-se em dois grandes grupos: as declarativas (governadas fundamentalmente pelo hipocampo e por suas conexões) e as procedurais, a cargo do núcleo caudado e suas conexões e também do cerebelo, segundo muitos estudos. As vias neuronais encarregadas de cada um desses dois grandes tipos de memória são diferentes, e as primeiras, as declarativas, são muito mais suscetíveis à modulação pelas emoções, pela ansiedade e pelo estado de ânimo.

A memória de trabalho é um tipo de memória completamente diferente das outras. É basicamente *on-line*, varia de instante em instante, utiliza poucas vias nervosas (principalmente o córtex pré-frontal), mantém as informações só por poucos segundos – raras vezes, um minuto ou dois – e cumpre uma função gerenciadora de nosso contato com a realidade. Decide, entre tudo aquilo que nos acontece, o que guardaremos e o que não guardaremos na memória declarativa ou na procedural ou que memória declarativa ou procedural valerá a pena evocar em cada caso. Ao nos sentarmos em uma bicicleta, ela decide que a coisa certa é pedalar, e não recitar um poema, por exemplo, se não quisermos cair. Ao perceber algo potencialmente perigoso, a memória de trabalho o compara com nossas memórias declarativas de outras coisas perigosas e procura as capacidades motoras mais úteis entre as memórias procedurais: em geral, aquela que nos manda fugir, sobretudo quando a circunstância ou o adversário for maior ou mais forte.

> De acordo com seu conteúdo, as memórias de longa duração se dividem em dois grandes grupos: as declarativas e as procedurais.

Quando as memórias declarativas falham, fala-se em **amnésia**. Dificilmente, no âmbito médico ou popular, alguém que apresente falhas da memória de procedimentos é rotulado como paciente amnésico. As pessoas vão à consulta se queixando de amnésia quando não conseguem lembrar o rosto de familiares ou esquecem dados importantes de sua profissão; não quando esquecem como andar de bicicleta ou como nadar. Entretanto, é raro que alguém esqueça essas habilidades motoras e/ou sensoriais. Já as falhas da memória de trabalho poderiam e deveriam ser chamadas de amnésia, porém raramente o são. Observam-se amnésias de memória de trabalho em idade muito avançada (85 ou mais) e principalmente – e de maneira mais proeminente – na esquizofrenia.

O *PRIMING* (MEMÓRIA ADQUIRIDA E EVOCADA POR MEIO DE "DICAS")

Muitos autores consideram a memória evocada por meio de "dicas" (fragmentos de uma imagem, a primeira palavra de uma poesia, certos gestos, odores ou sons) como distinta dos demais tipos de memória mencionados (Figura 2.2). Em inglês, esse tipo de memória é chamado *priming*, palavra para a qual não existe uma boa tradução em português. Alguns utilizam a expressão "dica", mas não quer dizer exatamente a mesma coisa.

O *priming* é notoriamente utilizado por atores, professores, alunos, declamadores, músicos e cantores. Porém, sem percebê-lo, é utilizado pelo resto da população humana e animal. Assim, muitas vezes um músico só lembra o resto de uma partitura

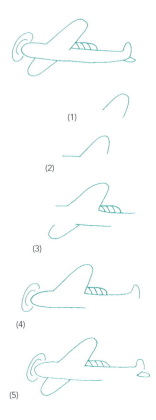

Figura 2.2
Priming e suas falhas. Mostra-se ao sujeito um desenho simplificado de um avião. Mais tarde, mostra-se o desenho nº 1 (parte da asa). Alguns sujeitos conseguem se lembrar do resto do desenho; outros pedem para ver o desenho nº 2. Indivíduos com falhas no *priming* só conseguem evocar o desenho original quando veem os desenhos nº 4 ou nº 5.

> Muitas vezes, um músico só lembra o resto de uma partitura quando executa ou ouve as primeiras notas.

quando executa ou ouve as primeiras notas. Um rato ou um camundongo só lembra do tramo final de um labirinto quando percorre o tramo imediatamente precedente.

Para muitos, a existência do *priming* implica que muitas memórias semânticas, episódicas ou procedurais são adquiridas originalmente de duas maneiras paralelas: (1) envolvendo conjuntos relativamente grandes de estímulos (o mapa de um bairro, longos segmentos de uma partitura, a forma geral de um labirinto) e (2) utilizando só fragmentos desse conjunto (uma esquina, quatro notas musicais, uns poucos centímetros de um corredor de um labirinto).

MEMÓRIA **23**

O *priming é* um fenômeno essencialmente neocortical. Participam dele o córtex pré-frontal e as áreas associativas. Pacientes com lesões corticais extensas evidenciam déficits desse tipo de memória: requerem mais fragmentos do desenho de um avião, por exemplo, para lembrar uma figura que representa um avião (Figura 2.2).

MEMÓRIA DE CURTA DURAÇÃO, MEMÓRIA DE LONGA DURAÇÃO E MEMÓRIA REMOTA

As memórias também podem ser classificadas pelo tempo que duram. Fora da memória de trabalho, as memórias explícitas podem durar alguns minutos ou horas, ou alguns dias ou meses, ou muitas décadas. As memórias implícitas geralmente duram toda a vida.

As memórias declarativas **de longa duração** levam tempo para serem **consolidadas**. Nas primeiras horas após sua aquisição, são lábeis e suscetíveis à interferência por numerosos fatores, desde traumatismos cranianos ou eletrochoques convulsivos até uma variedade enorme de substâncias ou, mesmo, à ocorrência de outras memórias. A exposição a um ambiente novo dentro da primeira hora após a aquisição, por exemplo, pode deturpar seriamente, ou até cancelar, a formação definitiva de uma memória de longa duração (Izquierdo, Medina, Vianna, Izquierdo, L.A., Barros, 1999). Um traumatismo craniano ou um eletrochoque minutos depois da aquisição costumam ter um efeito similar ou até mais intenso: anulam por completo a gravação que está sendo feita nesse momento e fazem o indivíduo perder a memória que acaba de adquirir. Uma liberação moderada de hormônios do estresse (adrenalina, corticoides) nos minutos seguintes à aquisição pode melhorar a consolidação da memória de longa duração; uma liberação excessiva ou a administração desses hormônios em doses elevadas podem resultar em amnésia. A administração de vários inibidores de enzimas importantes no hipocampo pode impedir a fixação de memórias nas primeiras seis ou mais horas depois da aquisição.

Justamente o fato de que a fixação definitiva de uma memória é sensível a diversos agentes externos ou internos aplicados depois da aquisição definiu o conceito de **consolidação**. As memórias de longa duração não ficam estabelecidas em sua forma estável ou permanente imediatamente depois de sua aquisição. O processo que leva a sua fixação definitiva de maneira que mais tarde poderão ser evocadas nos dias ou nos anos seguintes denomina-se consolidação.

Vamos conhecer detalhadamente os mecanismos da consolidação, que envolvem em especial o hipocampo e suas conexões e serão analisados no Capítulo 3.

Desde William James (1890), que a chamou de "memória primária", convencionou-se denominar **memória de curta duração** aquela que dura entre 1 e 6 horas, justamente o tempo necessário para que as memórias de longa duração se consolidem (ver Capítulo 3). Discutiu-se durante mais de um século se a memória de curta duração é simplesmente uma fase inicial da memória como um todo ou se a memória de curta duração e a de longa duração envolvem processos paralelos e, até certo ponto, independentes. Como veremos no Capítulo 4, a segunda resposta é a correta. A memória de curta duração requer as mesmas estruturas nervosas que a de longa duração, mas envolve mecanismos próprios e distintos (Izquierdo et al., 1998 e 1999).

A memória de curta duração é bastante resistente a muitos dos agentes que afetam os mecanismos da consolidação da memória de longa duração.

Por último, as memórias de longa duração que duram muitos meses ou anos costumam ser denominadas **memórias remotas**. Um rato é capaz de lembrar, um ano depois, que recebeu um choque elétrico nas patas em determinado compartimento de determinada caixa. Os ratos de laboratório vivem pouco mais de dois anos. Um ser humano de 70 anos é capaz de lembrar, até com detalhes, episódios importantes de sua infância. Essas constituem memórias remotas. Os mecanismos de sua evocação serão discutidos no Capítulo 5.

REFLEXOS CONDICIONADOS, MEMÓRIAS ASSOCIATIVAS E NÃO ASSOCIATIVAS

Muitas memórias são adquiridas por meio da associação de um estímulo a outro ou a uma resposta. Quem primeiro estabeleceu isso foi o fisiologista russo Ivan Pavlov no início do século XX. Ele observou que a resposta mais comum dos animais a qualquer estímulo ou conjunto de estímulos novos, não dolorosos, é uma reação de orientação, que denominou "reação do 'Que é isto?'". A reação compreende certo grau de alerta, o direcionamento da cabeça, dos olhos ou (por exemplo, se for um cachorro) o nariz e as orelhas em direção à fonte do estímulo. Se o estímulo for um ambiente novo, o animal reage com respostas exploratórias e de orientação geral. A repetição do estímulo leva à supressão gradual da reação de orientação. Isso se denomina habituação. É a forma mais simples de aprendizado e deixa memória; esta se revela justamente pela diminuição gradual da resposta com a repetição do estímulo (Figura 2.3).

Pavlov (1926) estabeleceu que, nos aprendizados associativos, se um estímulo novo é pareado com outro "biologicamente significante" (doloroso, prazeroso) que produz invariavelmente uma resposta (por exemplo, fuga, salivação), a resposta ao primeiro muda: fica **condicionada** ao pareamento. Assim passaram a ser denominados os estímulos neutros cuja resposta muda por sua associação com outros, **estímulos condicionados**, e a resposta nova a esse estímulo, **resposta condicionada**. Os estímulos biologicamente significantes, que sempre evocam uma resposta, passaram a se chamar **estímulos incondicionados**, porque sua resposta não depende de nenhum outro. As respostas naturais aos estímulos incondicionados (salivação, fuga, etc.) denominam-se **respostas incondicionadas** (Figura 2.3).

A ligação entre um estímulo e uma resposta se chama **reflexo**. O desenvolvimento de uma resposta condicionada a um estímulo originalmente neutro, que sozinho não a produzia, é denominado **reflexo condicionado** (Figura 2.3). De uma maneira ou de outra, é possível conceber todas as formas de aprendizado associativo como reflexos condicionados de um ou outro tipo. Há uma variante importante dos reflexos condicionados em que o animal aprende a fazer ou a omitir uma resposta condicionada para obter ou para evitar o estímulo condicionado. Em outras palavras, utiliza sua resposta condicionada como um instrumento. Esse tipo de aprendizado denomina-se **instrumental** e é extraordinariamente comum e de grande valor adap-

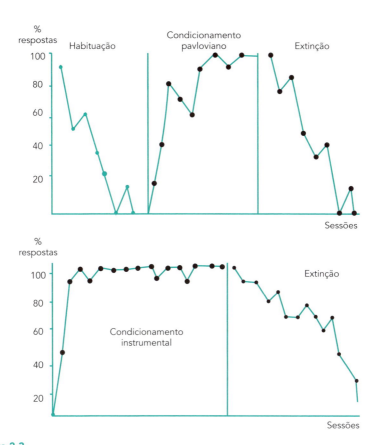

Figura 2.3

Habituação, condicionamento pavloviano, condicionamento instrumental e extinção. Os gráficos correspondem a experimentos realizados pelo autor em colaboração com José Segundo, Wanda Wyrwicka e Germán Sierra, em 1962. Em ambos os gráficos, expressa-se a porcentagem de respostas (eixo vertical) em cada sessão (eixo horizontal). No início, apresenta-se reiteradamente um som a um gato; os pontos verdes indicam as reações de orientação em resposta ao som (resposta incondicionada). Observa-se que, com a repetição do estímulo, o gato acaba se **habituando** ao som, não respondendo mais a ele. A partir da 10ª sessão, o som é pareado todas as vezes com um leve choque elétrico em uma das patas do animal. O animal desenvolve uma resposta **condicionada** ao som (pontos pretos), que, neste caso, foi uma retração da pata. Esta constituiu uma **resposta condicionada clássica ou pavloviana**. Finalmente, o som foi apresentado sozinho outra vez. Em poucas sessões, houve **extinção** da resposta condicionada. No gráfico inferior, outro gato foi treinado em um **condicionamento instrumental**: cada vez que retraiu a pata, não recebeu o choque. Observa-se que aprendeu mais rapidamente a tarefa, e que a subsequente extinção foi um tanto mais lenta.

tativo (Figura 2.3). Foi descoberto independentemente pelo polonês Jerzy Konorski e pelo estadunidense Skinner, em 1937. Exemplos do dia a dia são a série de atos que os animais e os humanos fazem para obter recompensas, por exemplo, um prato de comida, ou os que fazemos ou omitimos para evitar castigos, por exemplo, um choque elétrico ou uma bofetada. Chamar o garçom em um restaurante para que nos traga comida implica um reflexo condicionado instrumental. O choro das crianças para que a mãe lhes dê leite, também. Evitar colocar os dedos na tomada para não sofrer um choque elétrico é outro exemplo. Atravessar a rua para não dar de frente com uma pessoa desagradável é mais um exemplo de reflexo condicionado instrumental. Desde 1937, os reflexos condicionados clássicos, em que a resposta adquirida não depende de uma "recompensa" ou um "castigo", denominam-se "clássicos" ou "pavlovianos", e os outros chamam-se "instrumentais" ou "do tipo II".

Uma vez estabelecido um reflexo condicionado pavloviano ou um reflexo condicionado instrumental, a apresentação reiterada do estímulo condicionado sem seu "reforço", o estímulo incondicionado, provoca a **extinção** da memória (Figura 2.3). Por exemplo, se vemos que com o choro não conseguimos leite ou que atravessando a rua não nos vemos livres da pessoa que queríamos evitar, deixaremos de chorar ou de atravessar a rua.

> A extinção é um fenômeno semelhante à habituação: perante a repetição de um estímulo condicionado, deixamos de emitir a resposta correspondente.

A extinção é, assim, um fenômeno semelhante à habituação: perante a repetição de um estímulo condicionado, deixamos de emitir a resposta correspondente. No Capítulo 6 examinaremos em maior detalhe a extinção.

A **habituação** é claramente um tipo de aprendizado e de memória não associativo: resulta da simples repetição de um estímulo, sem associá-lo a qualquer outro. A **extinção** é considerada como o resultado de um novo pareamento: em vez de estímulo condicionado/estímulo incondicionado, a extinção associa o estímulo condicionado à recém-aprendida **ausência** do incondicionado. Não é uma forma de esquecimento nem uma diminuição da memória; é uma inibição da evocação.

ESQUECIMENTO

Pode se afirmar, com certeza, que esquecemos a maioria das informações que alguma vez foram armazenadas. Já vimos que isso se aplica à totalidade das informações que passam pela memória de trabalho, mas também acontece com o resto das memórias, as que formam arquivos.

De fato, conservamos só uma fração de toda a informação que passa por nossa memória de trabalho; e uma fração menor ainda de tudo aquilo que eventualmente conservamos por um tempo em nossas memórias de curta e de longa duração. Nossas memórias remotas são às vezes intensas e quase sempre valiosas, porém representam somente uma pequena parte de tudo aquilo que alguma vez aprendemos e lembramos.

Nossa vida social, de fato, seria impossível se lembrássemos de todos os detalhes de nossa interação com todas as pessoas e de todas as impressões que tivemos de cada uma dessas interações. Não poderíamos sequer dialogar com os seres queridos se cada vez que os víssemos viesse à nossa lembrança algum mal-estar ou alguma briga ou humilhação, por menor que fosse (Izquierdo, 2010). Qual seria minha relação com minha mãe se constantemente lembrasse de todas as vezes que me disse "Não!" em um tom impaciente?

Existem, além do esquecimento e da perda real de memórias, a habituação e a extinção. Elas são, porém, como vimos, supressões reversíveis da evocação. Uma memória habituada ou extinta não está realmente esquecida: está, pelo contrário, suprimida no que diz respeito à sua expressão. Um aumento da intensidade do estímulo reverte a habituação; uma nova apresentação do estímulo condicionado reverte a extinção.

REPRESSÃO

Vizinho à extinção encontra-se o fenômeno que a psicanálise denominou **repressão**. Trata-se de memórias declarativas, quase sempre episódicas, que o indivíduo simplesmente decide ignorar, e cuja evocação suprime, muitas vezes, durante décadas. São aquelas memórias que decidimos tornar inacessíveis, cujo acesso bloqueamos. O conteúdo dessas memórias compreende episódios humilhantes, desagradáveis ou simplesmente inconvenientes do acervo de memórias de cada pessoa. Não inclui necessariamente extinção, embora possa ter algum componente disso. Também não se trata de esquecimento, porque as memórias reprimidas podem voltar à tona em todo seu esplendor espontaneamente, por meio da recordação de outras memórias ou mediante sessões de psicanálise ou outro tipo de exame detalhado da autobiografia do sujeito. A repressão pode certamente ser voluntária; às vezes, dizemos: "Não quero lembrar mais desse assunto" e o conseguimos. Mas, na maioria das vezes, é totalmente involuntária ou inconsciente, e o cérebro nos poupa o esforço de almejá-la: reprime espontaneamente memórias que considera que poderiam nos ser desagradáveis ou prejudiciais.

A repressão envolve provavelmente sistemas corticais capazes de inibir a função de outras áreas corticais ou do hipocampo. Porém, não há nenhum estudo detalhado nem sistemático dos processos nela envolvidos. Não existe nenhum modelo de repressão em animais de laboratório, e é bem possível que eles não a manifestem; ou seja, é possível que se trate de um fenômeno peculiar aos humanos. Em humanos, estudos de fMRI têm revelado ativações do córtex pré-frontal ventromedial acompanhadas pela redução do fluxo sanguíneo no hipocampo, mas só em repressões voluntárias. Não há como saber quando as outras irão acontecer.

É possível que exista repressão na negativa quase voluntária dos sujeitos deprimidos em lembrar fatos favoráveis de seu passado. É possível, também, que aconteça um fenômeno oposto na tendência quase automática dos deprimidos em lembrar episódios humilhantes, desagradáveis ou inconvenientes.

Misturas de memórias

Embora tenham valor descritivo e aplicação clínica, as classificações das memórias não devem ser tomadas ao pé da letra: a maioria se constitui de misturas de memórias de vários tipos e/ou misturas de memórias antigas com outras que estão sendo adquiridas ou evocadas no momento.

Assim, enquanto estamos evocando qualquer experiência, conhecimento ou procedimento, ativa-se a memória de trabalho para verificar se essa informação consta ou não de nossos "arquivos". Evocam-se memórias de conteúdo similar ou não e misturam-se todas elas, às vezes formando, no momento, uma nova memória.

> **Enquanto estamos evocando qualquer experiência, conhecimento ou procedimento, ativa-se a memória de trabalho para verificar se essa informação consta ou não de nossos "arquivos".**

Difícil é evocar uma memória procedural (por exemplo, nadar) sem lembrar também alguma situação prévia em que esse ato nos tenha produzido prazer, desprazer ou medo, ou que tenha sido associada a alguma circunstância determinada. Recordaremos, de maneira inconsciente, a primeira vez que caímos em uma piscina ou em um rio, o temor que isso nos causou, e os movimentos defensivos que fizemos; lembraremos também como foi bom entrar na água uma ou mais vezes em que fazia calor ou como foi bom fazê-lo com a namorada ou com um filho.

Mais difícil ainda é adquirir ou evocar uma memória declarativa (por exemplo, a letra de uma canção) sem relacioná-la a outras (a da linguagem em geral, a da melodia dessa canção) e com memórias procedurais (a memória de como se faz para cantar), ativando, ao mesmo tempo, a memória de trabalho.

É comum confundir o rosto, o nome ou os atos de uma pessoa com os de outra. É comum confundir aniversários próprios e alheios. Isso ocorre em todas as idades, mas as pessoas mais velhas se tornam especialistas no assunto. Conheceram tanta gente ao longo de sua vida, que é natural confundir ou misturar fatos ou características de umas com os de outras. Minha mãe, já aos 70 anos, costumava misturar acontecimentos de minha vida com os de seu irmão, que era um pouco parecido comigo fisicamente.

A repetição da evocação das diversas misturas de memórias, somada à extinção parcial da maioria delas, pode nos levar à elaboração de **memórias falsas**.

Memórias acima de memórias

Nosso cérebro possui milhões de memórias e fragmentos de memórias. É sobre essa base que formamos ou evocamos outras memórias. O conjunto de nossas memórias é semelhante àquelas cidades europeias ou asiáticas muito velhas às quais sucessivas construções ao longo de muitos séculos, muitas vezes umas acima das outras, conferem um caráter e uma aparência própria. Ninguém que visite Roma poderá

MEMÓRIA **29**

confundi-la com Atenas ou Londres, embora a arquitetura primitiva possa ter sido muito semelhante.

Assim somos, também, como indivíduos, os humanos e os demais animais. É bom lembrar que a base sobre a qual formamos e evocamos memórias constantemente está constituída por "memórias e fragmentos de memórias", mas sobretudo por estes últimos. Temos mais memórias extintas ou quase-extintas em nosso cérebro do que memórias inteiras e exatas. Como vimos no capítulo anterior, é fácil demonstrar isso: basta pedir a qualquer um que relate tudo o que aconteceu há um ano ou no dia de ontem.

A maioria das coisas que aprendemos ao longo de todos os dias de nossa vida se extingue ou se perde. Talvez a extinção seja a forma mais comum de "deixar as memórias para trás", mas não de esquecê-las. Na extinção, aprende-se a inibir uma resposta previamente aprendida; mas a resposta não se apaga. Uma reiteração do estímulo incondicionado a traz de volta. Muitas vezes, a simples passagem do tempo recupera a resposta. O esquecimento consiste no apagamento (*erasure*) da resposta; isso ocorre só com a morte neuronal ou das sinapses envolvidas. A não repetição de um estímulo pode levar ao cancelamento físico da resposta. Isso foi verificado na vital sinapse do nervo frênico com o diafragma (ver Eccles, 1955; Izquierdo, 2016).

Lembremos aqui algo que poucos sabem: os seres humanos começam a perder neurônios na época em que aprendem a caminhar, entre os 9 e os 14 meses. A perda é maior no segundo ano de vida e depois desacelera. A desaparição de neurônios pode se acelerar por doenças degenerativas (alcoolismo, Alzheimer, Parkinson) e causar problemas circunscritos às áreas mais afetadas em cada uma dessas doenças (Figura 2.4). Na maioria das pessoas, a morte neuronal gradativa faz com que, a partir de determinada idade (90 ou 100 anos), as células necessárias para cada função cerebral atinjam um limiar mínimo abaixo do qual essas funções tornam-se impossibilitadas. Isso acontece também com a memória. A perda de neurônios e a disfunção cerebral que dela resulta ocorre com velocidade variável em cada indivíduo: há pessoas de 100 anos que se encontram perfeitamente lúcidas, e outras de 80 que não.

O uso contínuo da memória desacelera ou reduz o déficit funcional da memória que ocorre com a idade. As funções cerebrais são o exemplo característico de que "a função faz o órgão". Em relação à memória, **quanto mais se usa, menos se perde**. Perde antes a memória um indivíduo que dedica a maior parte de seu tempo a dormir ou a não fazer nada do que outro que se preocupa sempre em aprender, em manter sua mente ativa. Como veremos mais adiante, até a perda da memória da doença de Alzheimer, que costuma ser gravíssima, é menor nos indivíduos com educação superior, que adquiriram presumivelmente muitas memórias ao longo da vida. A perda de memórias pela falta de uso relaciona-se a uma propriedade neuronal conhecida há pelo menos meio século: a perda de função, seguida da atrofia das sinapses pela falta de uso. Essa propriedade foi estudada inicialmente na sinapse entre o nervo frênico e o diafragma. A estimulação repetida do nervo mantém a sinapse funcional; a secção do nervo atrofia a sinapse.

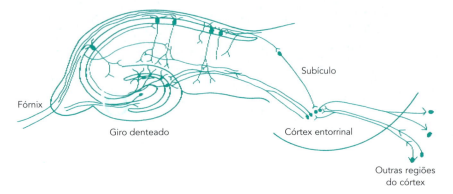

Figura 2.4
Estrutura interna do hipocampo e suas principais conexões intrínsecas (internas) e extrínsecas (desde o hipocampo ou para fora dele). O principal contingente de axônios aferentes ao hipocampo provém do córtex entorrinal, que mantém conexões de ida e de volta com o resto do córtex. As fibras procedentes da área entorrinal fazem sinapse com as células do giro denteado, que, por sua vez, emite axônios rumo à subárea CA3. Esta área envia alguns axônios para o subículo, mais muitos para a subárea CA1. Os axônios de CA1 fazem sinapse com células do subículo, que, por sua vez, emite fibras em direção à área entorrinal. Existem também conexões aferentes e eferentes de CA3 e em parte de CA1 através do fórnix. As fibras aferentes do fórnix são colinérgicas e vêm do núcleo medial do septo. As eferentes projetam-se ao hipotálamo posterior e têm a função de regulação endócrina. (As letras CA vêm do latim *cornu ammonis*, corno de Ammon, nome que se dava antigamente ao hipocampo.)

Sobre como usar a memória para mantê-la, principalmente praticando o hábito da leitura, ver Capítulo 9.

3
OS MECANISMOS DA FORMAÇÃO DAS MEMÓRIAS

Em poucas áreas da neurociência houve tantos avanços nos últimos 2 ou 3 anos como no referente aos mecanismos fisiológicos e moleculares da **formação** ou da **consolidação** das memórias.

As memórias não são adquiridas imediatamente em sua forma definitiva. Durante os primeiros minutos ou horas após sua aquisição, são suscetíveis à interferência de outras memórias, substâncias ou outros tratamentos (McGaugh, 1966; 2000; Izquierdo, 1989). De fato, a formação de uma memória de **longa duração** envolve uma série de processos metabólicos no hipocampo e outras estruturas cerebrais que compreendem diversas fases e que requerem entre 3 e 6 horas (Izquierdo & Medina, 1997; Izquierdo et al., 2006). Enquanto esses processos não estiverem concluídos, as memórias de longa duração são lábeis. O conjunto desses processos e seu resultado denominam-se **consolidação**.

A descoberta da consolidação veio de duas fontes. Por um lado, da observação popular, já no século XIX, de que, após um traumatismo craniano, os indivíduos esquecem seletivamente aquilo que havia acontecido nos minutos anteriores. Por outro, dois pesquisadores alemães, Müller e Pilzecker, em 1900, relataram que muitas memórias interferem em outras adquiridas imediatamente antes (Izquierdo, 1989; McGaugh, 1996). Ambas as observações indicam que aquilo que se aprende inicia processos nervosos que duram algum tempo além do ato do aprendizado em si, sem os quais não haverá memória. Primeiro, Müller e Pilzecker, e, depois, McGaugh chamaram esses processos de **consolidação**.

Este capítulo e os dois seguintes referem-se fundamentalmente às memórias declarativas, episódicas ou semânticas de curta e de longa duração. Os mecanismos da formação das memórias de procedimentos ou do *priming* são pouco conhecidos, porque foram muito pouco estudados em nível eletrofisiológico ou neuroquímico. Isso se deve ao fato de que esses tipos de memórias raras vezes falham, mesmo nas demências mais avançadas. Motivo pelo qual são de menor interesse aplicado e concitaram menos esforços dos estudiosos do tema.

Os escassos estudos realizados sobre mecanismos de memórias procedurais ou "hábitos" revelaram, porém, mecanismos em princípio bastante semelhantes aos das memórias declarativas, só que ocasionalmente em outras áreas cerebrais (estriado, cerebelo) distintas das utilizadas para as memórias declarativas (ver referências em Izquierdo & Medina, 1997; Izquierdo et al., 2006; Kandel & Squire, 2000; Routtenberg, 2001).

ONDE SE LOCALIZAM AS MEMÓRIAS?

Parece mentira, mas até 2 ou 3 anos atrás esse problema parecia completamente resolvido. Porém, isso baseava-se mais em uma crença generalizada do que em evidências científicas rigorosas.

Observações derivadas de relatos cirúrgicos e, mais tarde, da autópsia de um paciente, Henry Molaison, conhecido durante meio século como H.M., implantaram a ideia de que as memórias de longa duração (aquelas que duram meses, anos ou décadas), gravam-se inicialmente no hipocampo e lá persistem durante semanas ou meses, até que mais tarde se armazenam em algumas regiões do córtex, onde permanecem pelo resto da vida (Scoville & Milner, 1957; Kandel & Squire, 2000; Izquierdo, 2002, 2011). Essa falsa crença originou-se na observação de que H.M. era totalmente incapaz de fazer novas memórias declarativas desde o dia de sua operação, em 1953, para retirar tecido epileptogênico, processo terapêutico pioneiro na época e hoje habitual. Conservava, porém, as memórias declarativas anteriores à cirurgia. A extensão real de sua cirurgia foi estimada pelo relato do cirurgião William Scoville. Sua real extensão e características só foram conhecidas depois da autópsia de H.M. e dos exames de ressonância e de histologia realizados quase 40 anos depois da operação (Augustinack et al., 2014).

Dois conjuntos de observações recentes obrigaram a uma mudança drástica da interpretação "clássica" até 2010-2012, de que as memórias "gravam-se" primeiro no hipocampo e, só depois de armazenadas ali, são "transferidas" a outros lugares do cérebro.

Primeiro, Suzanne Corkin e sua equipe verificaram, em estudos aplicando ressonância magnética do cérebro remanescente de H.M., realizados entre 1992 e 1994, que o hipocampo do paciente não tinha sido totalmente removido de ambos os lados, e que ele tinha lesões em outras estruturas cerebrais. Esses estudos indicaram que os danos da memória poderiam ser resultado da remoção de outras áreas vizinhas (Augustinack et al., 2014).

Segundo, Izquierdo e colaboradores (1992) e Brioni (1993) obtiveram clara evidência de processamento paralelo de memórias no hipocampo e na amígdala basolateral, além de outros lugares do cérebro.

Os achados de Izquierdo e colaboradores (1992) e Brioni (1993) foram farmacológicos: agonistas e antagonistas de vários neurotransmissores-chave nos processos de memória (glutamato, ácido gama-aminobutírico [GABA], noradrenalina) tiveram efeitos estritamente isócronos e qualitativamente idênticos sobre a consolidação de memórias de medo quando microinfundidos no hipocampo, na amígdala basolateral e em outras estruturas ligadas a ambos mediatamente após a aquisição dessas memórias, isto é, quando ocorre sua consolidação. Isso corresponde à descoberta de que o processamento inicial das memórias é paralelo e não sequencial como vários autores da época tinham postulado (ver Izquierdo et al., 2016). A **demonstração de processamento paralelo** das memórias foi referendada por numerosos achados posteriores (Izquierdo et al., 1992, 1997, 2006, Izquierdo, Furini, & Myskiw, 2016), que verificaram que vários neurotransmissores e processos enzimáticos participam simultaneamente na consolidação celular das memórias em hipocampo, amígdala basolateral, córtex entorrinal e córtex parietal posterior.

Experimentos utilizando **optogenética** (ver descrição dessa metodologia revolucionária introduzida por Karl Deisseroth, em Stanford, no final deste capítulo) acrescentaram à lista de estruturas nervosas engajadas na consolidação inicial várias estruturas corticais (córtex cingulado anterior, córtex retroesplenial, córtex pré-frontal – ver referências em Izquierdo et al., 2016) e outros tipos de memória (ver Okuyama, Kitamura, Roy, Itohara, & Tonegawa, 2016).

Na hora da gravação inicial das memórias, durante ou logo após sua aquisição, participam o hipocampo, o giro denteado, a amígdala basolateral e várias regiões corticais. A participação do hipocampo nessa ocasião é imprescindível (Izquierdo et al., 2016; Okuyama et al., 2016). No momento da evocação dessas mesmas memórias, uma ou mais das regiões corticais são mais necessárias, mas o hipocampo participa novamente (Barros et al., 2000, 2001b).

MECANISMOS DA CONSOLIDAÇÃO DAS MEMÓRIAS DE LONGA DURAÇÃO

Os mecanismos da consolidação da memória de longa duração começaram a ser desvendados nos últimos 25 anos, como consequência da descoberta de um processo eletrofisiológico, em 1973, chamado de **potenciação de longa duração**. Isso consiste no aumento persistente da resposta de neurônios à breve estimulação repetitiva de um axônio ou de um conjunto de axônios que fazem sinapses com elas (Figura 3.1). Nos anos seguintes, foi descrita a **depressão de longa duração**, um fenômeno que constitui a imagem em espelho da anterior: a depressão (inibição) persistente de determinada resposta sináptica como consequência da estimulação repetitiva de uma via aferente.

Foram os primeiros processos eletrofisiológicos observados cuja duração podia ser medida não em segundos, mas em horas, semanas ou meses. Essa longa dura-

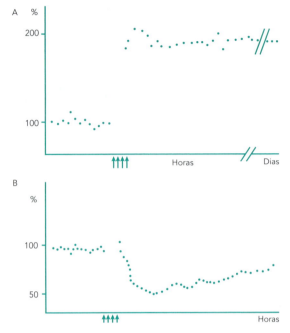

Figura 3.1
Potenciação de longa duração (A) e depressão de longa duração (B). O eixo vertical mede as respostas pós-sinápticas obtidas em CA1 por estimulação das fibras procedentes de CA3, à razão de uma por segundo. As setas ilustram a aplicação de um estímulo repetitivo (4-100/segundo). No gráfico A, obteve-se potenciação, que dura vários dias. No gráfico B, obteve-se depressão de longa duração, que dura horas. Esta última nunca foi medida ao longo de dias.

ção, similar à das memórias, levou muitos a considerá-los como possíveis "bases" dos processos de formação e armazenamento da memória.

Assim, na década de 1980 e na primeira metade dos anos de 1990, muitos pesquisadores procuraram estabelecer os mecanismos moleculares da potenciação e da depressão de longa duração. Os pioneiros foram Hansjürgen Matthies e colaboradores, em Magdeburgo, na Alemanha Oriental, e os que mais longe chegaram foram o próprio descobridor da potenciação de longa duração, Timothy Bliss, em Londres, Eric Kandel, em Nova York, e Julietta Frey, do antigo grupo de Matthies.

Os mecanismos foram estudados fundamentalmente no hipocampo de roedores, examinando fatias dessa região em estudos *in vitro*. A estrutura interna do hipocampo aparece de maneira esquemática na Figura 2.4, no Capítulo 2. Das várias sub-regiões do hipocampo, a mais estudada foi a chamada CA1, que é a mais larga e a mais medial. Essa região é ativada pela estimulação das fibras que procedem da subárea CA3. Os principais mecanismos da potenciação de longa duração em CA1

MEMÓRIA **35**

são apresentados no Quadro 3.1 (ver Kandel & Squire, 2000). São semelhantes aos que subjazem à depressão de longa duração (ver Izquierdo et al., 2016).

Alguns dos passos referidos faltam ou apresentam-se modificados na potenciação de longa duração em outras sub-regiões do hipocampo (CA3, giro denteado) ou em outras áreas do cérebro de mamíferos ou em tecidos nervosos de invertebrados. Porém, os mecanismos básicos desse fenômeno são os mencionados na maioria das áreas cerebrais estudadas, inclusive o neocórtex, e em estruturas nervosas de diversas espécies (Kandel & Squire, 2000). Há fenômenos parecidos com a potenciação de longa duração em gânglios de moluscos e em outras estruturas (Carew, 1996).

> Há fenômenos parecidos com a potenciação de longa duração em gânglios de moluscos e outras estruturas.

Na Alemanha, Julietta Frey, em colaboração com o britânico Richard Morris, postulou, em 1998, que nos dendritos em que ocorre uma LTP são produzidas certas proteínas que podem passar para outras sinapses vizinhas e/ou ser estimuladas em uma sequência temporal próxima, o que as incita a também produzir LTP ou aumentá-la se esta estiver sendo produzida. O fenômeno chama-se "etiquetamento sináptico" (*synaptic tagging*) e permitiria explicar a característica associativa da LTP, que faz com que mais de uma sinapse além da estimulada possa também ser potenciada, e também a generalização de cada LTP a sinapses vizinhas ou estimuladas poucos segundos depois. Esse fenômeno foi adotado como a explicação mais plausível para o fato conhecido de que a consolidação de certos comportamentos muito próximos a outros pode potenciar a consolidação destes últimos. Por exemplo, a habituação a um campo aberto pouco antes de uma esquiva inibitória ou de um reconhecimento de objetos (três tarefas que utilizam o hipocampo) pode melhorar a gravação destas últimas (Ballarini et al., 2009).

Alguns dos passos referidos faltam ou apresentam-se modificados na LTP em outras sub-regiões do hipocampo (CA3, giro denteado) ou em outras áreas cerebrais (Izquierdo et al., 2006).

Alguns dos dados do Quadro 3.1 estão ilustrados na Figura 3.2. Tanto a sequência exposta no Quadro 3.1 como os esquemas da Figura 3.2 aplicam-se igualmente à LTP medida no hipocampo (Figura 3.1; Izquierdo & Medina, 1997; Kandel & Squire, 2000; Izquierdo et al., 2006).

Depressão de longa duração

Vários processos mencionados anteriormente participam da depressão de longa duração (LTD, do inglês *long-term depression*). Inicialmente, há uma ativação de receptores glutamatérgicos AMPA e, a seguir, de NMDA. E, posteriormente, uma ativação das CaMKII e das PKC. Contudo, estas últimas ocorrem em menor grau, e seu efeito é rapidamente cancelado pela ação de **fosfatases**, enzimas que retiram o íon fosfato das proteínas. Mediante um mecanismo ainda pouco conhecido, os receptores

Quadro 3.1
Mecanismos da formação da potenciação de longa duração (LTP, *long-term potentiation*).

1. Excitação repetida das células hipocampais por meio da estimulação de **receptores glutamatérgicos do tipo AMPA**, assim chamados porque respondem tanto ao glutamato como a uma substância denominada ácido alfa-amino-3-hidroxi--metil-5-4-isoxazolpropiônico. Os **receptores GABAérgicos do tipo A** inibem a indução de potenciação de longa duração.

2. Essa excitação leva a uma despolarização persistente da célula; esta obedece ao ingresso de sódio à célula por meio do próprio receptor AMPA.

3. Como consequência da despolarização, a célula expulsa o íon magnésio que normalmente obtura o **receptor glutamatérgico de tipo NMDA**, assim chamado porque é capaz de responder tanto ao glutamato quanto a seu análogo, o ácido N-metil-D-aspartato. Uma vez "desentupido", o receptor NMDA passa a ser "funcional" e a permitir o ingresso de cálcio à célula através dele.

4. Em algumas áreas cerebrais, ativam-se também receptores glutamatérgicos metabotrópicos que, por meio de processos metabólicos, aumentam a concentração do cálcio intracelular.

5. O aumento de cálcio intracelular estimula direta ou indiretamente uma série de enzimas chamadas proteinoquinases, das quais há vários tipos: as **proteinoquinases cálcio/calmodulina-dependentes** (CaMKII, III e IV), as **proteinoquinases cálcio-dependentes** (PKC), as **proteinoquinases dependentes do GMPc** (PKG), as **proteinoquinases dependentes do AMPc** (PKA) e as **proteinoquinases ativáveis extracelularmente** (ERKs), que, até pouco tempo atrás, acreditava-se serem ativáveis apenas por agentes mitógenos. As proteinoquinases são enzimas (i.e., catalisadores biológicos de natureza proteica) que regulam a transferência de íons fosfato desde o trifosfato de adenosina (ATP) a sítios específicos em diversas proteínas. A **fosforilação** das proteínas geralmente incrementa sua função. (A calmodulina é uma substância endógena presente nas células. O guanililfosfato cíclico [GMPc], o adenosilfosfato cíclico [AMPc] e o ATP são nucleosídeos, parentes próximos dos nucleotídeos que formam parte da sequência do ácido desoxirribonucleico [DNA] e dos diversos tipos de ácido ribonucleico [RNA]).

6. As proteinoquinases CaMKII e PKC favorecem a fosforilação dos diversos tipos de receptores ao glutamato; ao fazê-lo, os ativam. A fosforilação do receptor glutamatérgico de tipo AMPA, por exemplo, por intervenção da CaMKII, dura várias horas após a indução de potenciação de longa duração.

7. O papel das proteinoquinases varia conforme a enzima e sua localização: pré-sináptica (nas terminações axônicas estimuladas) ou pós-sináptica (na célula inervada por esses axônios). A PKG é necessária nos primeiros minutos após a indução de potenciação de longa duração, participa na liberação de óxido nítrico (NO) e outras substâncias pequenas que estimulam a transmissão glutamatérgica. A PKC pré-sináptica fosforila uma proteína chamada GAP-43, que também regula a liberação de glutamato. Posteriormente, e durante 30 a 60 minutos, outras isoformas de PKC diferentes das que se encontram nas terminações pré-sinápticas partici-

(continua)

MEMÓRIA **37**

(continuação)

> ## Quadro 3.1
> **Mecanismos da formação da potenciação de longa duração (LTP, *long-term potentiation*).**
>
> pam em diversos processos pós-sinápticos, que incluem a fosforilação dos próprios receptores glutamatérgicos. Com a PKC pré-sináptica, o NO e o monóxido de carbono (CO), sintetizados pós-sinapticamente em conjunção com a ação da enzima proteinoquinase G (dependentes do GMP cíclico), difundem para a terminal pré-sináptica e promovem também a liberação de glutamato.
>
> 8. As ERKs e as PKA também fosforilam receptores glutamatérgicos; mas seu papel crucial consiste na fosforilação de fatores de transcrição de DNA presentes no núcleo das células, de 2 a 6 horas após a indução da potenciação de longa duração.
>
> 9. O principal fator de transcrição estimulado por essas duas enzimas denomina-se CREB (do inglês *cAMP responsive-element binding protein*). A ativação do CREB, 2 a 6 horas depois de iniciada a potenciação de longa duração, leva o núcleo das células pós-sinápticas a produzir RNAs mensageiros (mRNAs) que "ordenam" a síntese de numerosas proteínas nos ribossomos. Algumas dessas proteínas são outros fatores de transcrição, que voltam para o núcleo (c-Fos, zif-268) ou se transladam a outros lugares da célula. Outras são proteínas de adesão celular, que são transportadas às sinapses dessas células, alterando sua superfície e, portanto, aumentando ou diminuindo sua função.
>
> 10. Em muitos dendritos, há um aparelho de síntese proteica que prescinde da síntese de mRNAs pelo núcleo e atua formando-as a partir do uso de mRNAs preexistentes. Trata-se de um sistema que originalmente foi descrito em células tumorais e que, nos dendritos apicais de CA1, é imprescindível para a síntese de GluR1 – uma das proteínas que compõem o receptor glutamatérgico AMPA – e outras proteínas também essenciais para a transmissão sináptica e a memória. Esse sistema extrarribossomal de síntese proteica denomina-se mTOR, sigla da expressão inglesa "mammalian target of rapamycin" (alvo para a rapamicina nos mamíferos), e é justamente inibido pelo antibiótico rapamicina. O sistema mTOR depende do fosfoinositol-3-fosfato, da PKA e do fator neurotrófico derivado do cérebro (BDNF) para ser ativado.

glutamatérgicos que ficaram fosforilados por pouco tempo são trasladados desde a membrana sináptica ao interior da célula, ficando indisponíveis para seu uso na transmissão neural (Figura 3.3).

A LTD foi proposta na década de 1980 como modelo para a habituação e a extinção, ou seja, aprendizados que consistem na inibição de uma resposta: no primeiro caso, a um estímulo neutro; no segundo, a um estímulo que tinha sido previamente condicionado (ver Capítulo 2). Porém, essa proposta não vingou. A habituação e a extinção podem durar muitos meses ou anos; a LTD nunca foi medida além de umas poucas horas. Todavia, um novo treinamento pode reverter em questão de segundos uma habituação ou uma extinção: um aumento da intensidade do estímulo pode

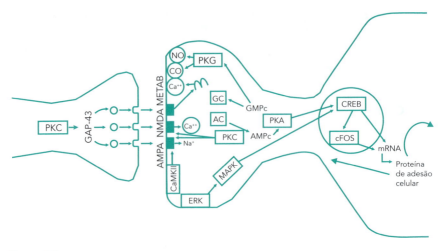

Figura 3.2
Mecanismos moleculares da formação de memórias. A figura ilustra uma sinapse glutamatérgica, com as principais enzimas e os sistemas a ela vinculados. A sequência dos passos correspondentes e suas inter-relações estão comentadas no Quadro 3.2. Essa sequência é também aplicável, em boa parte, à potenciação de longa duração (Quadro 3.1).

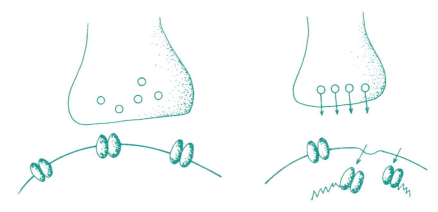

Figura 3.3
Internalização de receptores glutamatérgicos na depressão de longa duração. A súbita liberação de glutamato sobre os receptores AMPA de um dendrito pode, em determinadas circunstâncias, ativar a interação destes com proteínas da região pós-sináptica que se ligam ao receptor e o transportam para dentro dos dendritos.

reverter rapidamente uma habituação (Figura 2.3); a reapresentação do estímulo incondicionado pode interromper instantaneamente uma extinção, por exemplo. Nada semelhante a isso foi observado na LTD. Hoje, acredita-se que a LTD pode participar, quer no hipocampo, quer fora dele, como base da consolidação de algumas tarefas que não envolvem aumento, mas sim diminuição da eficiência sináptica. Vários aprendizados que utilizam o cerebelo baseiam-se em LTD (os interessados podem consultar o *site* EntrezPubMed).

COMO SE FORMAM E SE CONSOLIDAM AS MEMÓRIAS DE LONGA DURAÇÃO?

A determinação da sequência dos processos envolvidos na gênese, na consolidação e na manutenção da LTP levou à tentativa de verificar se eles são aplicáveis também à formação, à consolidação e à manutenção das memórias declarativas.

Para esse propósito, foi escolhida uma tarefa muito simples, que utiliza o hipocampo e que se adquire em poucos segundos, como a LTP: a **esquiva inibitória** ou **esquiva passiva**. Repetindo o que já foi descrito no Capítulo 2, essa tarefa envolve a formação de uma memória declarativa na qual o animal aprende a inibir uma resposta (descer de uma plataforma, entrar em outro compartimento) para não receber um estímulo aversivo (por exemplo, um choque elétrico). Essa memória corresponde àquela em que os humanos evitam botar os dedos na tomada ou entrar em uma rua perigosa, ou aprendem a olhar à esquerda antes de atravessar uma rua. (Na Inglaterra e no Japão, a resposta correta é olhar à direita: o trânsito lá é pela mão oposta.) A esquiva inibitória é uma memória episódica (lembramos o episódio pelo qual a aprendemos: o dia em que colocamos os dedos na tomada) e também semântica (aprendemos a evitar TODAS ou pelo menos A MAIORIA das circunstâncias perigosas: um conhecimento episódico se torna de valor semântico).

> Aprendemos a evitar TODAS ou pelo menos A MAIORIA das circunstâncias perigosas: um conhecimento episódico se torna de valor semântico.

Os laboratórios mais ativos nessa busca foram os de Steven Rose, na Inglaterra; Ciaran Regan, na Irlanda; Mark Bear, Robert Malenka e Thomas Carew, nos Estados Unidos; José Maria Delgado-García e Agnès Gruart, na Espanha; Yadin Dudai, em Israel; Jorge Medina, em Buenos Aires; e o meu, em Porto Alegre. Carew trabalhou basicamente em um molusco denominado *Aplysia*; Rose trabalhou fundamentalmente sobre esquiva inibitória em pintos, e os demais grupos trabalharam fundamentalmente com roedores. A coincidência dos resultados obtidos em pintos e em ratos é realmente extraordinária, apesar da diferença entre espécies e estruturas nervosas estudadas. A sequência de processos moleculares pela qual se consolidam as memórias é praticamente idêntica em ratos e em pintos, e só difere em detalhes do observado em moluscos ou em insetos (Carew, 1996; Izquierdo et al., 2006).

Os estudos foram realizados mediante dois métodos básicos:

- A microinjeção, em áreas localizadas do cérebro, de substâncias com ações moleculares específicas: agonistas ou antagonistas glutamatérgicos ou de outros receptores estimulantes ou inibidores enzimáticos. As microinjeções são dadas em tempos precisos nas regiões envolvidas na memória.

- A medição bioquímica das propriedades desses receptores, assim como da atividade de cada uma das enzimas envolvidas nos processos.

Devido à natureza dos experimentos, foi essencial trabalhar com uma tarefa de aquisição muito breve e realizada em uma única sessão. Os resultados obtidos em uma tarefa que requeira muitas sessões ou sessões longas para sua aprendizagem teriam sido de difícil interpretação, já que envolvem misturas de diferentes fases da consolidação entre si e/ou com processos de reaquisição ou evocação. De fato, como veremos, nunca foi possível chegar a conclusões claras em tarefas mais longas ou complexas, justamente pelo seguinte motivo: os autores não conseguem distinguir uma fase da outra.

Em muitos casos, o ponto de partida dos experimentos (que substâncias injetar ou que enzimas medir, e quantos minutos antes ou depois da aquisição) foram os achados obtidos no estudo da LTP. Porém, em alguns casos, ocorreu o contrário: os achados obtidos nos experimentos sobre memória sugeriram a pesquisa correspondente levada a cabo na análise da LTP. Os resultados dos experimentos comportamentais levaram a determinar que muitos dos passos enumerados anteriormente como substratos da formação da LTP intervêm também nos processos de formação e consolidação das memórias do aprendizado de esquiva inibitória na região CA1 do hipocampo de ratos (Izquierdo & Medina, 1997; Izquierdo et al., 2006).

Fundamental foi o achado paralelo, por dois grupos diferentes, de LTP da sinapse entre colaterais axônicas da subárea CA3 do hipocampo com as células piramidais de CA1 durante a consolidação tanto da esquiva inibitória quanto do aprendizado de piscar um olho de maneira condicionada. Este achado foi recentemente estendido a outras tarefas, como a de reconhecimento de objetos (Kapczinski, Quevedo, & Izquierdo, 2011), que pouco tem a ver com as duas anteriores. Isso permite supor que, de fato, a sequência de processos bioquímicos que subjazem à LTP ou a própria LTP são a base dos processos de consolidação das mais diversas memórias. De maneira importante, a produção de uma LTP antes da aquisição das tarefas mencionadas oclui a consolidação das tarefas, o que sugere fortemente (ou comprova) que esta requer os mesmos processos bioquímicos que a LTP (Kapczinski, Quevedo, & Izquierdo, 2011).

Uma forma de aprendizagem bastante estudada e que deu resultados claros e muito semelhantes aos do Quadro 3.2 é a **aversão condicionada a um sabor**. Diferentemente das anteriores, nesta última tarefa, o papel central não é desempenhado pela região CA1 do hipocampo, mas sim pelo córtex do lobo da ínsula. Na aversão a um sabor, o animal associa a ingestão de um alimento com um estado de mal-estar geral induzido pela injeção de uma substância tóxica. A resposta condicionada consiste em evitar, a partir dessa ocasião, o alimento; como se o animal pensasse "deve ser aquilo que comi". O equivalente humano a esse tipo de aprendizado é comum nas crianças, em que a ingestão de suco de laranja, por exemplo, passa a ser associada com a de algum remédio, causando, então, a evitação do suco de laranja

MEMÓRIA **41**

> ## Quadro 3.2
> ### Mecanismos da formação da memória de longa duração em CA1
>
> 1-4. Excitação repetida das células hipocampais por meio da estimulação de **receptores glutamatérgicos AMPA, NMDA** e **metabotrópicos**, assim chamados porque respondem tanto ao glutamato quanto ao ácido alfa-amino-3-hidroxi-metil-5--4-isoxazolpropiônico. Os receptores **GABAérgicos do tipo A**, no hipocampo e no córtex entorrinal, inibem o início da formação de memória de longa duração. Simultaneamente, ocorre a ativação de receptores colinérgicos de tipo muscarínico e noradrenérgicos beta, que modulam a ação dos anteriores.
>
> 5,6. A ativação da PKC e sua função sobre a proteína GAP-43, e a da CaMKII e sua função fosforiladora sobre a subunidade receptora do receptor AMPA são análogas na LTP e na formação da memória, em CA1.
>
> 7. Os papéis da ativação da proteinoquinase ativada por mitógenos (MAPK) e da PKA são diferentes. Na LTP, a cadeia da MAPK participa nos processos iniciais; na formação da memória de longa duração, essa cadeia enzimática **intervém três horas** ou mais depois da aquisição da tarefa. Na LTP, não parece haver um papel importante da PKA nos primeiros minutos após a indução desse processo. Já na formação das memórias, essa cadeia enzimática **intervém duas vezes**: a primeira, nos primeiros minutos após a aquisição; a segunda, de 2 a 6 horas mais tarde.
>
> 8. Os picos de atividade da PKA são acompanhados por um aumento simultâneo de P-CREB nuclear. O CREB nuclear participa em processos que levam à síntese de proteínas muito diversas. Algumas dessas proteínas repõem as que têm sido utilizadas nos processos anteriores; outras são, como na LTP, proteínas de adesão celular (O´Connell et al., 1997).
>
> 9. O segundo pico de PKA, 2 a 6 horas após o início da memória (aquisição), é altamente regulável por **receptores dopaminérgicos tipo D1/D5, noradrenérgicos** do tipo beta e, finalmente, **serotoninérgicos tipo IA**. Os dois primeiros estimulam, e os serotoninérgicos inibem a enzima **adenililciclase**, que produz **AMPc**, o cofator imprescindível para a ação da PKA. Assim, indiretamente, os receptores D1 e beta estimulam e os serotonérgicos IA inibem a atividade da PKA, levando à facilitação ou à depressão da consolidação da memória, respectivamente.

durante anos. Os mecanismos moleculares desse tipo de memória, no lobo da ínsula, são muito similares aos relatados no Quadro 3.2 para a esquiva inibitória (Dudai et al., 1995).

Deve-se salientar que foi essencial, como precursora dos estudos neuroquímicos, a longa tradição de pesquisas sobre o comportamento de animais ou de pessoas com lesões em diferentes regiões do sistema nervoso central; experimentais, as primeiras, e secundárias a tumores, cirurgias malsucedidas ou acidentes, as segundas. Esses estudos levaram a focalizar a atenção primordialmente no hipocampo e em suas conexões, incluindo várias regiões corticais e áreas moduladoras como o núcleo amigdalino e outros. Porém, os estudos sobre lesões cerebrais foram e são sempre indefinidos em relação à participação de uma ou outra área em passos definidos dos processos de consolidação ou outros, ou na possibilidade, hoje já amplamente demonstrada em âmbito experimental, de que outras regiões cerebrais assumam o papel da área extirpada ou lesada, mediante a geração de novas vias nervosas que suprem o papel daquela ausente. Esses problemas são comuns aos modelos de animais com lesões não anatômicas, mas genômicas: os "nocautes" (*knockouts*) em que a expressão de determinado gene é suprimida ou os "transgênicos" em que ela é alterada.

Um passo adiante na determinação das áreas envolvidas nas memórias foi dado pelas modernas técnicas de imagens, das quais a que hoje mais se usa é a imagem de ressonância magnética funcional (fMRI). Essas técnicas medem indiretamente a ativação metabólica de uma ou outra região do cérebro enquanto cada indivíduo – animal ou humano – está formando ou recordando memórias de um ou outro tipo, relativas a um momento em que o indivíduo não se encontra nessa situação; não medem, porém, os processos metabólicos envolvidos. Assim, a única metodologia realmente apropriada para a análise dos processos moleculares da formação ou da consolidação das memórias, ou de outros aspectos delas, é a combinação da análise bioquímica detalhada e da farmacologia molecular, como indicado anteriormente.

> Um passo adiante na determinação das áreas envolvidas nas memórias foi dado pelas modernas técnicas de imagens, das quais a mais usada é a imagem de ressonância magnética funcional (fMRI).

O resultado das experiências bioquímicas e farmacológicas/moleculares sobre a formação das memórias possibilitou determinar com bastante precisão a sequência de passos moleculares subjacentes à consolidação das memórias de longa duração. Tais passos encontram-se expostos no Quadro 3.2, no qual utilizamos os mesmos pontos demonstrados para os mecanismos da LTP, com o acréscimo, em cada caso, se necessário, das diferenças entre ambos os processos, em itálico. Como se pode observar, os mecanismos da formação ou da consolidação da memória de longa duração no hipocampo são essencialmente os mesmos descritos para a LTP em CA1.

É importante destacar que o ponto 9 envolve nada menos do que uma parte fundamental do mecanismo dos processos de **modulação** das memórias nas várias horas subsequentes à sua aquisição por vias nervosas vinculadas ao hipocampo e à amígdala basolateral. Veremos esse aspecto em detalhes no Capítulo 6. Os passos 1 a 4 e 6 a 9 foram todos corroborados *in vivo* por observações em animais "nocautes" ou transgênicos, em que a expressão dos genes que codificam para um ou mais receptores, enzimas ou fatores mencionados (subunidades dos receptores NMDA, da PKC, da CaMKII, da PKA ou do CREB) estava suprimida ou modificada (ver referência em Izquierdo & Medina, 1997; Izquierdo et al., 2006).

Ao percorrer cada um dos passos relatados anteriormente, percebe-se que cada um deles leva ao seguinte e, portanto, a uma alteração subsequente em nível molecular, de tal forma que o mecanismo básico da formação de LTP, ou de memória declarativa de longa duração, é constituído por fenômenos que determinam a alteração duradoura da função das sinapses envolvidas em cada caso. Fica, assim, fortalecida a hipótese de que a consolidação da memória ou das memórias possui um mecanismo essencialmente igual ao da LTP (ou, em alguns casos, ao da LTD; sobre isso, ver Kandel & Squire, 2000 e Izquierdo et al., 2006). Em tal conclusão, são fundamentais a sequência precisa e o *timing* dos processos metabólicos subjacentes à consolidação da memória, assim como a natureza exata desses processos, que provou ser essencialmente a mesma descrita para a LTP (Izquierdo & Medina, 1997; Izquierdo et al., 2006; Whitlock et al., 2006). De fato, há a coexistência da consolidação e da geração de LTP da sinapse CA3-CA1 medida eletrofisiologicamente em várias tarefas de índoles diversas enquanto o animal as consolida (Whitlock et al., 2006; Gruart et al., 2006; Izquierdo et al., 2006; Kapczinski, Quevedo, & Izquierdo, 2011).

Em muitas outras formas de aprendizagem nos roedores, a índole dos processos moleculares envolvidos na formação das memórias é basicamente a mesma, mas a sequência desses processos não é; ao ponto desta última ser, em muitos casos, formalmente incompatível com a ocorrência simultânea de uma LTP.

Entre as formas de memória que aparentemente também utilizam a sequência de processos hipocampais descritos no Quadro 3.2, há três que são muito empregadas como modelos animais:

- As diversas variedades de "medo condicionado", em que os animais são treinados pela exposição reiterada e prolongada a um estímulo condicionado sensorial determinado (um tom, uma luz) ou indeterminado (um ambiente) (Izquierdo et al., 2016).
- A família de "aprendizagens espaciais", em que o estímulo condicionado é um conjunto de estímulos visuais colocados a distância do animal, nos quais a resposta instrumental consiste em percorrer certa distância na água ("labirinto aquático de Morris") ou em um labirinto geralmente de madeira, de vários braços.
- A memória de reconhecimento, quer de objetos, quer de outros animais da mesma espécie, falha muito na doença de Alzheimer (reconhecimento social; Zinn et al., 2016). Na memória de reconhecimento de objetos, coloca-se um rato ou um camundongo na presença de dois objetos diferentes, em um ambiente restrito. O animal passa um tempo mais ou menos igual explorando os dois objetos. Em uma sessão seguinte, troca-se um deles por outro. O animal dedica sua exploração preferencialmente ao objeto novo: reconhece o que ficou na caixa anteriormente como "já visto". O mesmo pode ser feito usando outros animais da mesma espécie em vez de objetos: o rato ou camundongo é exposto a outro rato ou camundongo e gasta certo tempo cheirando-o ou se aproximando dele. Se, em uma sessão seguinte, o mesmo "visitante" for apresentado, o animal o explorará menos, porque o reconhece. Se o animal "visitante" for outro, o animal "residente" o explorará intensamente porque, pelo cheiro, se dá conta de que ele é novo (Kapczinski, Quevedo, & Izquierdo, 2011).

Porém, em nenhuma dessas tarefas foi possível chegar a conclusões tão completas como as do Quadro 3.2 em relação aos processos envolvidos e sua sequência detalhada. Isso se deve ao fato de que, sendo as sessões de aquisição longas ou repetidas, misturam-se nelas diferentes fases da consolidação, ou, então, a aquisição com a consolidação e/ou a evocação (Rose, 1995; Izquierdo & Medina, 1997; Izquierdo et al., 2006).

A tarefa de reconhecimento de objetos está sendo cada vez mais empregada como modelo experimental, porque não envolve nenhuma estimulação aversiva e um mesmo animal pode ser utilizado várias vezes, variando os objetos em cada ocasião.

PLASTICIDADE NEURONAL E MEMÓRIA

A explicação mais provável para o uso da sequência de mecanismos do Quadro 3.2 para a consolidação de muitos tipos de memória é que muitas células nervosas, entre elas, em particular, as células piramidais da região CA1 do hipocampo, têm um conjunto de mecanismos que permitem o desempenho de **funções plásticas**. Denomina-se **plasticidade** o conjunto de processos fisiológicos, em nível celular e molecular, que explica a capacidade das células nervosas de mudar suas respostas a determinados estímulos como função da experiência. Eletrofisiologicamente, a plasticidade se manifesta como LTP ou LTD. Comportamentalmente, a plasticidade se expressa por meio da aquisição de um aprendizado e da formação de uma memória.

> **Plasticidade é o conjunto de processos fisiológicos, em nível celular e molecular, que explica a capacidade das células nervosas de mudar suas respostas a determinados estímulos.**

INTERAÇÕES DO HIPOCAMPO COM OUTRAS ÁREAS CEREBRAIS NA FORMAÇÃO DE MEMÓRIAS

A região CA1 do hipocampo é a principal protagonista da formação de memórias declarativas em mamíferos (Izquierdo & Medina, 1997; Izquierdo et al., 2006). Porém, ao contrário do que ocorre na LTP ou na LTD, no que se refere à memória, ela não atua isolada do resto do cérebro.

Dentro do hipocampo, a CA1 emite fibras excitatórias a uma região vizinha chamada de subículo, a qual, por sua vez, emite fibras excitatórias que fazem sinapse com células do córtex entorrinal. Este, por sua vez, emite axônios ao giro denteado, que projeta a outra região denominada CA3, cujos axônios fazem sinapses excitatórias com as células piramidais de CA1. Esse circuito foi descrito pela primeira vez pelo grande neuroanatomista e literato espanhol Don Santiago Ramón y Cajal, no início do século XX. Seu conhecimento mais detalhado provém de pesquisas de vários laboratórios de muitos países na segunda metade desse século. Estudos recentes evidenciaram que o circuito interno do hipocampo, CA1→subículo→córtex entorrinal→giro denteado→CA3→CA1 (Figura 2.4) é funcionalmente ativo e capaz de reverberar muitas vezes por segundo em condições fisiológicas (ver Izquierdo & Medina, 1997). Na verdade, pode-se afirmar que a região CA1 não é mais do que um componente de um circuito funcional que representa um verdadeiro sistema, o sistema hipocampal. Como mencionado anteriormente, vários elementos desse sistema (giro denteado, CA3) são também capazes de evidenciar plasticidade, pelo menos sob a forma de LTP.

As Figuras 2.1, 2.4 e 9.1 ilustram algumas das principais conexões extrínsecas do sistema hipocampal; a última delas já mostrando seu prejuízo na doença de Alzheimer. O córtex entorrinal emite fibras ao giro denteadoe recebe fibras do subículo. Além disso, o córtex entorrinal possui, por sua vez, importantes conexões aferentes e eferentes com o córtex pré-frontal (onde se processa a memória de trabalho), com os córtices associativos parietal, occipital e cingulado anterior, e com o restante do córtex do lobo temporal. Além do qual, também existem numerosas interconexões horizontais entre as diversas áreas corticais: do pré-frontal para o parietal, deste para o temporal, etc.

A intervenção seriada dos vários processos moleculares subjacentes à consolidação das memórias, em CA1, mencionada no Quadro 3.2, aplica-se de forma rigorosa à esquiva inibitória. Mas a maior parte das evidências indica que é essencialmente a mesma nas mais diversas formas de aprendizagem e memória (Carew, 1996; Izquierdo & Medina, 1997). Varia ligeiramente segundo a tarefa analisada, porém não em sua essência: em algumas situações, a fase dependente de CaMKII é mais longa ou mais breve; em outras, os dois picos de intervenção da PKA estão mais próximos ou distantes (Izquierdo & McGaugh, 2000). Mas, nas diversas formas de plasticidade, participa o conjunto dos processos bioquímicos mencionados no Quadro 3.2, que são parecidos aos da LTP (Quadro 3.1), ainda que nem sempre na mesma sequência rigorosa.

Saturação e oclusão

Isso faz com que, de fato, o uso desse conjunto de processos moleculares para construir uma LTP ou uma memória determinada, na mesma sequência mencionada no Quadro 3.2 ou em outras, possa saturar os sistemas metabólicos das células piramidais de CA1 e impedir a formação consecutiva de outra memória ou de outra potenciação (Kapczinski, Quevedo, & Izquierdo, 2011). A sensação quase física que todos experimentamos alguma vez de que, ao acabar determinada atividade intelectual ou uma aula, "não cabe mais nada em nossa cabeça" corresponde a um fato real. A pré-exposição a uma LTP ou a um aprendizado alimentício compromete a capacidade do sistema hipocampal de aprender outra tarefa similar ou diferente durante vários minutos ou horas.

um fato real. A pré-exposição a uma LTP ou a um aprendizado alimentício compromete a capacidade do sistema hipocampal de aprender outra tarefa durante minutos ou horas: usa-se, cada vez, uma porcentagem bastante grande da "capacidade" bioquímica "instalada" do hipocampo. Essa necessidade que nos invade, depois de 2 ou 3 aulas ou palestras consecutivas, de que precisamos sair um pouco, "esticar as pernas" e tomar um cafezinho antes de encarar a próxima aula ou palestra corresponde a um fenômeno real, não imaginário.

No Capítulo 5, veremos que essas áreas corticais participam também da evocação das memórias e, no Capítulo 6, que boa parte da modulação da memória por sistemas vinculados ao nível de alerta, à ansiedade e aos estados de ânimo é exercida sobre essas áreas ao mesmo tempo que no hipocampo.

A BASE BIOLÓGICA DA FORMAÇÃO DAS MEMÓRIAS

Em 1893, Don Santiago Ramón y Cajal postulou que o armazenamento das memórias obedece a alterações morfológicas das sinapses envolvidas em cada uma delas. As alterações, sugeriu Cajal, poderiam consistir em alargamentos, estreitamentos, bifurcações ou outras mudanças estruturais das sinapses. O sábio espanhol não via, racionalmente, a possibilidade de que pudesse haver câmbios tão profundos como os produzidos pela formação de memórias sem que existisse uma alteração anatômica e fisiológica que os sustentasse.

De fato, nas memórias mais simples, muda, como vimos, nada menos que a resposta a determinado estímulo, ou seja, mudam as conexões funcionais entre o indivíduo e o mundo que o rodeia, entre as vias aferentes que permitem a percepção e a análise dos estímulos, e as vias eferentes que levam as respostas do organismo. Nas memórias mais complexas (por exemplo, a memória semântica de toda a medicina ou a de uma longa partitura musical) muda muito mais: muda, na relação entre os seres e o universo, nada menos que a base do conhecimento que os primeiros têm do segundo.

Como vimos, a ativação **plástica** de algumas vias nervosas envolvendo o hipocampo e suas conexões, por meio de uma série de passos moleculares, causa a alteração primeiro funcional (adesão celular) e, finalmente, morfológica das sinapses. Quem mais estudou esses fenômenos foi o norte-americano William Greenough (1985).

O conceito atualmente vigente é o de que Ramón y Cajal, há mais de um século, tinha razão. Há consenso entre os pesquisadores da área de que, realmente, as memórias consistem na modificação de determinadas sinapses de vias distintas, que incluem o hipocampo e suas principais conexões. Como veremos no Capítulo 5, as áreas envolvidas na evocação das memórias declarativas são justamente essas. De um ponto de vista operacional, as memórias nada mais seriam do que alterações estruturais de sinapses, distintas para cada memória ou tipo de memórias.

É fácil entender que as modificações estruturais das sinapses causarão alterações funcionais óbvias. Por exemplo, ao se ramificar uma terminação axônica ou um dendrito, haverá, de fato, novas sinapses. Ao se alargar a superfície da terminação pré-sináptica ou a da área dendrítica que está à sua frente, a eficiência dessa sinapse aumentará. Se, em vez disso, ocorre um estreitamento dessas áreas, a eficiência dessa sinapse diminuirá.

O início das transformações sinápticas que são a base das memórias deve-se à ação de proteinoquinases sobre receptores (CaMKII sobre GluR1, PKA sobre outros receptores glutamatérgicos) e sobre a liberação de glutamato (PKC agindo sobre GAP-43, a via NO/PKG) e, mais tarde, ao deslocamento dessas enzimas ao núcleo junto com as ERKs, estimulando fatores de transcrição que, ao gerar mRNAs, estimulam a síntese de proteínas sinapse-específicas; e/ou estimulação pelas enzimas mencionadas e pelo fosfoinositol-3-fosfato, por uma ativação do sistema mTOR-dependente, para a síntese proteica extrarribossomal. Certamente, cada padrão específico de ativação sináptica no treino deve estimular sinapses diferentes. No início e durante as primeiras 16 a 24 horas após o término de um treino, provavelmente as memórias serão sustentadas por glicoproteínas sintetizadas em CA1 ou regiões equivalentes de aves ou insetos, incorporadas às membranas sinápticas. Posteriormente, acredita-se em algum processo autorregenerativo envolvendo transformações do DNA das regiões envolvidas, por metilação ou outras mudanças covalentes. De fato, conforme a idade avança, detecta-se mais metilação no DNA de hipocampo de animais de experimentação, sugerindo que isso possa ser consequência de seu uso na formação reiterada de memórias. Em alguns tipos de aprendizado e na formação das memórias correspondentes, pode ser que intervenha LTD em vez de LTP. Há evidências de que esse seja o caso de algumas memórias formadas no cerebelo, por exemplo. Para informações sobre os muitos tipos de modificações estruturais e funcionais que ocorrem na sinapse devido a seu uso ou falta de uso e, principalmente, daquelas secundárias à formação de memórias, é útil consultar a bibliografia mais recente no *site* EntrezPubMed ou outro com acesso amplo ao sistema da Medline, na internet. As alterações das diversas sinapses de cada uma das redes que compõem cada memória determinam por que os indivíduos passam a responder de maneira diferente a um estímulo que inicialmente era neutro ou produzia outras respostas. Para as memórias mais complexas, onde se lê "estímulo", deve-se ler "conjuntos" ou "complexos" ou "constelações" de estímulos; e onde se lê "resposta" deve-se ler "respostas", ou também "formas de pensar", "atitudes" ou "conhecimentos".

Quantas sinapses devem ser modificadas para que um indivíduo possa guardar uma memória específica? Obviamente, isso dependerá do tipo de memória. Se for uma memória relativamente simples (esquiva inibitória: não descer de uma plataforma, não botar os dedos na tomada), uns poucos milhões de sinapses em 6 ou 7 regiões cerebrais poderão explicar o processo. Se for uma memória semântica complexa (toda a medicina, toda uma partitura), vários bilhões de sinapses serão envolvidas em muitas áreas cerebrais. Os números não são exagerados: no cérebro humano, há uns 80 bilhões de neurônios; dois e meio milésimos deles (200 milhões) são células piramidais do hipocampo. Cada uma delas recebe de mil a 10 mil sinapses e emite axônios que se ramificam e a comunicam com muitos outros neurônios, tanto no hipocampo como fora dele.

Os estudos sobre o *priming* mencionados no capítulo anterior sugerem, porém, que talvez seja possível reconstruir e evocar memórias complexas a partir de menos neurônios e sinapses do que se poderia pensar. Certamente, menos dos que foram utilizados na aquisição inicial. A apresentação de uma figura com fragmentos de uma imagem permite muitas vezes a reconstrução da imagem inteira; o mesmo acontece com a reprodução e a consequente evocação de um longo texto ou de uma longa partitura musical a partir de "dicas". A palavra "ouviram" pode resultar na recordação do Hino Nacional completo, com música e tudo. Uma linha oblíqua ou arredondada pode trazer à tona um rosto e todos os seus detalhes ou um quadro complexo.

Porém, é conveniente lembrar que isso não implica que a dica contenha em si toda a memória evocada. Para tanto, ela deve se encontrar em alguma rede neuronal semelhante à utilizada na aquisição de cada memória; senão, a recordação seria aleatória.

UMA BREVE EXPLICAÇÃO SOBRE A OPTOGENÉTICA

No início deste capítulo, mencionamos que poucas áreas evoluíram e mudaram tão rapidamente como a da formação (consolidação) de memórias. Citamos também que boa parte desse progresso se deve ao novo e revolucionário método da **optogenética**.

Esse método foi criado por Karl Deisseroth, da Universidade de Stanford, e aplicado ao estudo dos neurônios em 2010 e 2011.

Francis Crick, codescobridor da estrutura do DNA em 1947 e vencedor do Prêmio Nobel de Fisiologia ou Medicina de 1962, sugeriu que fossem introduzidos, nas membranas de neurônios, pigmentos sensíveis à luz que, ao ser ativados por feixes de luz de diversas longitudes de onda, abrem ou fecham canais iônicos nas células vegetais. Implantados em membranas neuronais poderiam fazer o mesmo em neurônios que, como sabemos, são estimulados e inibidos por meio de fluxos iônicos seletivos através de poros de suas membranas. Os neurônios poderiam ser estimulados ou inibidos direta e individualmente por feixes de luz de uma ou outra cor aplicados intracelularmente por micropipetas, análogas às que são usadas há 70 anos como microelétrodos (ver Eccles, 1955). Dessa forma, poderia se analisar cada neurônio em separado sem a interferência de outros neurônios ou fibras nervosas à sua volta.

Deisseroth e colaboradores enviaram, por diferentes meios, segmentos de DNA vegetal que codificaram para diversos pigmentos. Um método habitual é enviá-los por meio de vírus que se dirigem especificamente ao genoma de neurônios. Assim, os segmentos de DNA vegetal, ajudados por promotores de DNA, foram implantados no genoma de neurônios específicos em muitos sistemas. Os neurônios em questão incorporaram o DNA vegetal a seu próprio genoma e passaram a fabricar os pigmentos desejados, que, uma vez sintetizados pela célula nervosa, viajavam para as membranas neuronais e ligavam-se a elas. A aplicação da luz de diferentes longitudes de onda às células, por meio novamente de micropipetas de vidro inseridas nelas, podia facilitar ou inibir seletivamente o fluxo iônico através dos poros, agora nas moléculas de pigmentos inseridos nas membranas celulares dos neurônios implantados, e as células podiam demonstrar, por meio de sua ativação ou inibição, se possuíam ou não o "engrama" das memórias que se pretendia estudar. **Engrama** é uma palavra criada pelo pesquisador e teórico Richard Semon, na Alemanha do século XIX, para designar aquela porção da memória que codifica para um comportamento determinado. Em um experimento comportamental, a ativação do engrama expressa-se pela execução de uma resposta aprendida. Em um experimento eletrofisiológico, ela expressa-se pela ativação de um circuito determinado.

Assim, entre 2011 e 2016, Deisseroth e colaboradores estabeleceram de maneira inequívoca os circuitos essenciais para vários comportamentos-chave para entender a Memória como um todo. No curto período de pouco mais de cinco anos, mudaram nossos conhecimentos sobre a "circuitaria" de muitas formas de aprendizado e de memória. Os primeiros a ser identificados foram os circuitos de vários tipos de memórias de medo, porque são as mais importantes para a sobrevivência e as mais rápidas (Izquierdo et al., 2016). Mas também foram identificados circuitos para memórias de reconhecimento (Okuyama et al., 2016), reconhecimento social (a base do comportamento social, em Zinn et al., 2016), entre outros.

Assim, foi iniciada uma nova era no estudo neurocientífico da memória em geral e de cada memória em particular. Os dados obtidos pela optogenética não podem ser controvertidos, pois oferecem a única explicação possível para o que investigam: neurônios e circuitos de memórias determinados e específicos.

4
AS MEMÓRIAS DE CURTA E DE LONGA DURAÇÃO

Como vimos no capítulo anterior, a formação de uma memória declarativa de longa duração, pelo hipocampo e por vários outros sistemas do cérebro (amígdala basolateral, regiões corticais), leva pelo menos cerca de seis horas. Durante esse tempo, conforme veremos no Capítulo 6, o processo é bastante lábil e suscetível a modificações por muitas variáveis. São clássicas as observações de que uma intoxicação alcoólica, um traumatismo craniano ou um eletrochoque convulsivo costumam causar amnésia retrógrada para os fatos ou eventos imediatamente anteriores a eles. Isso porque a intoxicação, o traumatismo e o eletrochoque interrompem as fases iniciais da consolidação, cancelando o processamento da(s) memória(s) iniciado poucos minutos antes. É comum ouvir de um lutador de boxe nocauteado, por exemplo, no 7º *round*, frases como a seguinte: "O que aconteceu? Eu vinha ganhando fácil até o 3º ou 4º assalto e agora apareço aqui, deitado em uma maca, com um pano molhado na testa, no vestiário...". O golpe alterou o funcionamento de seus mecanismos cerebrais de consolidação, e o indivíduo não conseguiu gravar o acontecido entre o 4º e o fatídico 7º assalto. O mesmo acontece com um indivíduo que acaba de sofrer um acidente automobilístico em que ocorreu um traumatismo craniano. Quando chega à polícia, não consegue recordar corretamente que manobra(s) fez logo antes do acidente; situação que nem o policial nem o dono do outro veículo conseguem compreender de maneira benevolente.

Na verdade, inúmeras interferências com os processos mnemônicos são possíveis por meio de tratamentos dados durante o curso de uma consolidação. Essas interferências produzem **amnésia retrógrada**: impedem o prosseguimento da gravação ou da consolidação do que acaba de ser aprendido, de tal maneira que o sujeito perde essa memória. Um eletrochoque convulsivo ou um traumatismo craniano ocorridos depois da aquisição, ou a injeção intra-hipocampal de inibidores da proteinoquinase cálcio-dependente (PKC) ou da proteinoquinase dependente do adenosilfosfato cíclico (PKA) minutos mais tarde também produzem amnésia retrógrada. Em contrapartida, estimulantes da PKA administrados no hipocampo 3 ou 6 horas depois da aquisição de uma memória facilitam sua consolidação. Essas memórias serão mais bem lembradas dias ou semanas mais tarde (**facilitação retrógrada**; ver McGaugh, 1966, 2000; Izquierdo & Medina, 1997).

> **Inúmeras interferências com os processos mnemônicos são possíveis por meio de tratamentos dados durante o curso de uma consolidação.**

Muitos fatores comportamentais podem também interferir na consolidação. Por exemplo, a exposição a uma situação nova e, portanto, chamativa, 1 ou 2 horas depois da aquisição de determinada memória, pode interferir consideravelmente em sua gravação. O efeito amnésico retrógrado da novidade é devido à interferência nos processos neuroquímicos da consolidação em curso.

O período pós-aquisição em que ocorre a consolidação das memórias de longa duração é, portanto, lábil e suscetível a numerosas influências, muitas das quais podem ser negativas.

No entanto, todos sabemos que qualquer animal, inclusive o ser humano, é capaz de lembrar perfeitamente bem coisas adquiridas minutos ou horas antes, ou seja, no período em que essas memórias ainda não estão bem e definitivamente consolidadas. O que mantém a capacidade mnemônica funcionando enquanto as memórias não estão ainda bem-formadas e são lábeis?

Um dos pais da psicologia moderna, o inglês de origem norte-americana William James, propôs, em 1890, que deveria haver um sistema secundário de memória que mantivesse a capacidade de recordação do animal operativa enquanto a formação da memória primária ou principal não estivesse ainda completa. No século XX, a memória secundária proposta por James foi denominada **memória de curta duração**, e a memória principal ou primária, **memória de longa duração** (McGaugh, 2000).

Admitida a necessidade da existência de um sistema de memória de curta duração (até seis horas) enquanto a memória definitiva ou de longa duração não está realmente "acabada" (seis horas ou mais depois de adquirida), surge a seguinte questão-chave, que mobilizou muitos neurocientistas e psicólogos durante mais um século: a memória de curta duração é uma fase da memória de longa duração ou é um fenômeno fisiológico paralelo e diferente (Figura 4.1)?

A resposta a essa questão é fundamental, porque a interpretação da construção das memórias e a de numerosos quadros clínicos em que ocorrem transtornos de um ou outro tipo de memória seria completamente diferente em cada caso. A resposta à questão da independência ou não das memórias de curta e de longa duração levantada por William James (1890) só pode ser dada por um dos dois seguintes experimentos:

- Um experimento que demonstre que é possível suprimir a memória de curta duração sem ocasionar uma perda da memória de longa duração para determinado aprendizado em um mesmo sujeito.

MEMÓRIA **53**

- Outro que demonstre que isso é simplesmente impossível.

É evidente que, se a primeira hipótese fosse verdadeira, a memória de curta duração seria um processo independente da memória de longa duração; ambas seriam paralelas durante certo tempo até a consolidação da segunda (Izquierdo et al., 1998).

É bom salientar que, nas memórias não associativas (habituação) e nas de procedimentos, assim como no *priming*, não se distingue uma memória de curta duração, nem do ponto de vista comportamental, nem do ponto de vista neuroquímico.

SEPARAÇÃO DA MEMÓRIA DE CURTA DURAÇÃO DA MEMÓRIA DE TRABALHO

Um erro comum entre os psicólogos norte-americanos é a confusão entre memória de trabalho e memória de curta duração.

A memória de trabalho, como foi definida no Capítulo 2, é totalmente diferente dos demais tipos de memória. Certamente é curta, e dura desde poucos segundos até, no máximo, 1 a 3 minutos. Mas o principal é que seu papel não é o de formar arquivos, mas sim o de analisar as informações que chegam constantemente ao cérebro e compará-las às existentes nas demais memórias, declarativas e procedurais, de curta ou longa duração. A memória de trabalho não tem consequências bioquímicas mensuráveis e se estende desde os primeiros segundos ou minutos seguintes ao aprendizado até 3 a 6 horas. Ou seja, o tempo que leva a memória de longa duração para ser efetivamente construída. Como veremos a seguir, as bases da memória de curta duração são essencialmente bioquímicas e diferentes das da memória de longa duração.

A memória de trabalho não só ocupa outras estruturas neurais (fundamentalmente o córtex pré-frontal), como também tem uma farmacologia molecular totalmente diferente das da memória de curta ou de longa duração (Izquierdo et al., 1998, 1999).

SEPARAÇÃO DA MEMÓRIA DE CURTA DURAÇÃO DA MEMÓRIA DE LONGA DURAÇÃO

Em uma série de experimentos publicada entre 1998 e 1999, meus colaboradores e eu demonstramos que há pelo menos 16 tratamentos diferentes, administrados quer na região CA1 do hipocampo, quer no córtex entorrinal ou no córtex parietal posterior, que suprimem a memória de curta duração sem reduzir a memória de longa duração (Izquierdo et al., 1998, 1999) (Figura 4.1).

> Um erro comum entre os psicólogos norte-americanos é a confusão entre memória de trabalho e memória de curta duração.

Entretanto, várias observações clínicas feitas entre 1970 e 2000 evidenciaram que, de fato, há síndromes neurológicas e si-

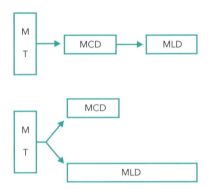

Figura 4.1
Depois de passar pela memória de trabalho (MT), a informação se armazena formando memórias de curta duração (MCD) e/ou de longa duração (MLD). Em princípio, a primeira poderia corresponder a uma fase inicial da segunda. Porém, por meio de vários tratamentos, pode-se suprimir a MCD sem alterar a MLD (ver texto). Em consequência, a MCD obedece a um sistema separado e paralelo ao da MLD; seu papel é manter a memória "viva" enquanto a MLD está sendo formada. Os retângulos que representam a MT, a MCD e a MLD não estão desenhados em escalas proporcionais à sua duração, que é de segundos ou poucos minutos para a MT, de 1 a 6 horas para a MCD, e de muitas horas, dias ou até anos para a MLD. Doze horas após a aquisição, inicia-se a intervenção do(s) mecanismo(s) que regula(m) a persistência da memória descritos no Capítulo 6. Há pelo menos dois mecanismos desse tipo: um que age 12 horas depois da aquisição; outro que age reiteradamente a cada 24 horas depois da aquisição. Ambos são diferentes do ponto de vista bioquímico e agem independentemente do sono.

tuações de interesse médico nas quais ocorrem falhas seletivas da memória de curta duração, sem comprometimento algum da memória de longa duração. A situação mais corriqueira é a da velhice normal: os idosos muitas vezes apresentam falhas claras na memória recente, sem alterações importantes das memórias mais antigas. Outra, clássica, é a da depressão: o paciente tem dificuldade em lembrar aquilo que aconteceu há poucos minutos ou poucas horas, mas é capaz de lembrar memórias de dias ou anos atrás muito bem, principalmente se essas memórias mais velhas são de conteúdo triste ou negativo. Muitas vezes, observa-se um quadro semelhante na confusão mental resultante de algum acontecimento estressante. A perda da memória recente com preservação da memória de longa duração é patognomônica do quadro clínico que se denomina *delirium*, muitas vezes ocasionado por causas orgânicas e geralmente reversível. Finalmente, na literatura dos anos de 1970 e 1980, há descrições de síndromes secundárias a lesões corticais variadas nas quais há uma falha seletiva da memória recente de tipo verbal, com preservação da memória de longa duração, tanto verbal quanto de outros tipos (Izquierdo et al., 1999).

> A perda da memória recente com preservação da memória de longa duração é patognomônica do quadro clínico que se denomina *delirium*, muitas vezes ocasionado por causas orgânicas e geralmente reversível.

Os resultados de nossos experimentos e os de alguns outros autores (principalmente Carew; ver referências em Izquierdo et al., 1999), juntamente com a evidência clínica, são categóricos. Das duas possibilidades levantadas por William James (processos paralelos, processos sequenciais), a primeira é a verdadeira.

Qual é a base fisiológica e molecular da memória de curta duração?

Em primeiro lugar, a memória de curta duração depende do prévio processamento das informações pela memória de trabalho, assim como a memória de longa duração. A memória de trabalho, cuja principal base anatomofisiológica é o córtex pré-frontal, precede aos outros dois tipos de memória e determina que tipo e quanta informação irá se "fixar" nos sistemas de curta e de longa duração.

Em segundo lugar, a memória de curta duração é seletivamente afetada por muitos tratamentos administrados nas mesmas áreas que processam a memória de longa duração (Capítulo 3): a região CA1 do hipocampo, o córtex entorrinal e o córtex parietal. Portanto, as mesmas áreas estão envolvidas no processamento de cada tipo de memória, embora por meio de mecanismos claramente diferentes.

Em terceiro lugar, o conteúdo das memórias de curta e de longa duração é basicamente o mesmo; se aprendermos de cor determinado texto ou uma figura, evocaremos esse texto ou essa figura e não outro qualquer, tanto 1 ou 3 horas mais tarde (memória de curta duração) como no dia seguinte, se nos lembramos dele (memória de longa duração). Isso indica que a informação aferente aos dois sistemas mnemônicos é a mesma; e a resposta, também. Em outras palavras, a informação aferente (os estímulos condicionados e incondicionados) chega pelas mesmas vias sensoriais, e a resposta (ou as respostas) correspondente é emitida pelas mesmas vias motoras ou efetoras. A diferença entre os dois tipos de memória (de curta e de longa duração), que torna ambas sensíveis a diferentes tratamentos e faz com que respondam a processos distintos, não reside no *input* (percepção e análise do texto ou da figura) nem no *output* (a evocação do texto ou da figura e seu significado).

A diferença entre as memórias de curta e de longa duração reside não em seu conteúdo cognitivo, que pode ser o mesmo, mas nos mecanismos subjacentes a cada uma delas.

Aqui, é importante salientar que a metodologia aplicada ao estudo da separação das memórias de curta e de longa duração não pode incluir análises bioquímicas no hipocampo ou em outras estruturas, como foi feito no estudo da memória de longa duração (Capítulo 3, Quadro 3.2). As alterações moleculares que acontecem na região CA1 ou em outras áreas e que são subjacentes à consolidação ocorrem simultaneamente à própria existência da memória de curta duração, e não podem ser diretamente relacionadas a ela, nem para incluí-las, nem para excluí-las. O único método possível para a análise dos mecanismos moleculares da memória de curta duração em uma ou outra estrutura cerebral envolve o emprego de microinjeções localizadas nessas estruturas de agentes com ações específicas sobre um ou outro receptor específico ou uma enzima.

No Quadro 4.1, podem ser conferidos os passos moleculares da formação da memória de curta duração.

É possível observar a presença de algumas similaridades, mas há também muitas diferenças, entre os mecanismos simultâneos da formação da memória de curta duração e da memória de longa duração.

As similaridades indicam elos entre ambos os tipos de memória, que evidentemente são necessários, dado o conteúdo cognitivo idêntico das duas. Ambas contêm a mesma informação aferente e eferente; o *input* e o *output* das memórias de curta duração e de longa duração são iguais. Mas as diferenças indicam claramente que a memória de curta duração e a de longa duração não são partes de um mesmo processo, mas sim duas séries de processos paralelos e independentes (Quadro 4.1).

Assim como há elementos em comum entre os mecanismos da potenciação de longa duração (LTP) e a memória de longa duração, existem também alguns (embora poucos) elementos em comum entre a memória de curta duração e um tipo abortivo de LTP denominado "de curta duração" (ver Izquierdo et al., 1999): a independência de ambas em relação à intervenção de várias proteinoquinases (várias isoformas da PKC e da proteinoquinase cálcio/calmodulina-dependente [CaMKII]) e a ativação tardia de CREB (do inglês *cAMP responsive-element binding protein*) nuclear e da síntese proteica correspondente. Porém, há várias diferenças importantes entre a memória de curta duração e a LTP: (1) a primeira ocorre na ausência de memória de longa duração; a segunda só pode ser detec-

---

Quadro 4.1
Mecanismos da formação da memória de curta duração

1. Em CA1, ativação de receptores glutamatérgicos dos tipos ácido alfa-amino-3--hidroxi-metil-5-4-isoxazolpropiônico (AMPA), ácido N-metil-D-aspartato (NMDA) e metabotrópicos, cuja ação é modulada positivamente (facilitada) por receptores colinérgicos muscarínicos, dopaminérgicos D1 e betanoradrenérgicos, e negativamente (inibida) por receptores serotoninérgicos do tipo IA.
2. No córtex entorrinal, intervenção de receptores glutamatérgicos do tipo AMPA, mas não dos tipos restantes. Modulação positiva por receptores serotoninérgicos IA (oposto ao que ocorre em CA1).
3. No córtex parietal posterior são necessários também receptores AMPA seletivamente para a formação de memória de curta duração.
4. A formação da memória de curta duração é inibida por receptores GABAérgicos do tipo A nas três estruturas mencionadas.
5. Contrariamente à memória de longa duração, o córtex pré-frontal não participa da formação nem do desenvolvimento da memória de curta duração.
6. No hipocampo e no córtex entorrinal, durante a primeira hora, é necessária a ativação da PKC, presumivelmente pré-sináptica.
7. Durante os primeiros 90 minutos, é necessária a participação das proteinoquinases ativáveis extracelularmente (ERKs) e da PKA no hipocampo. Não é necessária a fosforilação do CREB nem a síntese proteica no hipocampo.

tada mediante a supressão da LTP; e (2) a memória de curta duração é extremamente dependente das isoformas alfa e/ou beta II da PKC e da proteinoquinase A durante os primeiros 90 minutos; a potenciação de curta duração não depende desses sistemas.

Aqui, devemos salientar que todos os passos moleculares envolvendo ação de quinase (todos os do Quadro 3.2, da consolidação da memória de longa duração, e todos os do Quadro 4.1, correspondente à memória de curta duração) envolvem por isso mesmo uma alteração da função de proteínas; em geral, um aumento dessa função. As quinases catalisam a fosforilação de proteínas, ou seja, a transferência de um radical fosfato (PO_3^{3-}) desde uma molécula de trifosfato de adenosina (ATP) a algum sítio específico de uma proteína. Por exemplo, a CaMKII transfere fosfato do ATP à serina da posição 831 (Ser $_{831}$) de uma das proteínas componentes do receptor glutamatérgico AMPA (GluR1) e, com isso, aumenta sua função, que é a de ligar glutamato, permitindo, por uma alteração de sua forma, a abertura de um canal de Na^+ e a consequente despolarização do dendrito. Quase todas as intervenções de quinases enumeradas nos Quadros 3.2 e 4.1 resultam em um aumento da função de proteínas-chave responsáveis primeiro pela transmissão glutamatérgica e, a seguir, pela ativação das vias sinalizadoras que acabam ativando, por processos de síntese, fatores de transcrição envolvidos na síntese de segmentos das membranas sinápticas recentemente estimuladas. Acredita-se que a formação das memórias envolve a sequência desses processos (Kandel & Squire, 2000; Izquierdo et al., 2006).

PAPEL DA MEMÓRIA DE CURTA DURAÇÃO

Os papéis da memória de trabalho (Capítulo 2) e o da memória de longa duração são óbvios.

O papel da memória de curta duração é, basicamente, o de manter o indivíduo em condições de responder por meio de uma "cópia" efêmera da memória principal, enquanto esta ainda não tenha sido formada. Serve, em si, para ler (chegando à página 3 de um texto, devemos recordar as páginas 1 e 2), para dar sequência a episódios e, certamente, para manter conversas.

> O papel da memória de curta duração serve, em si, para ler, para dar sequência a episódios e, certamente, para manter conversas.

Para isso, a memória de curta duração não sofre extinção ao longo das 4 ou 6 horas em que pode se estimar sua duração máxima. A partir desse intervalo, passa a ser gradativamente substituída pela memória de longa duração. No próximo capítulo, veremos algumas das razões pelas quais a memória de curta duração não se extingue. Aqui, basta apontar que essa propriedade faz ela efetivamente cumprir seu papel de "alojamento temporário" da memória, enquanto "sua casa" definitiva está sendo construída.

Ao contrário da memória de longa duração, que não se forma sem ativação gênica ou do sistema mTOR (sigla da expressão inglesa "*mammalian target of rapamycin*", i.e., "alvo para a rapamicina nos mamíferos") e a subsequente síntese proteica, a memória de curta duração não requer síntese proteica e provavelmente depende apenas da sucessiva ativação de diversas vias envolvendo proteinoquinases, sem chegar ao núcleo celular.

5
PERSISTÊNCIA DAS MEMÓRIAS DE LONGA DURAÇÃO

Em princípio, denominam-se memórias de longa duração todas aquelas que duram várias horas ou dias além da consolidação celular (McGaugh, 2000; Izquierdo, Furini, & Myskiw, 2006), que, por sua vez, dura, no máximo, seis horas (Izquierdo & Medina, 1997; Izquierdo et al., 2006). Porém todos sabemos que algumas memórias de longa duração duram 2 ou 3 dias, e outras, semanas, meses ou anos. Há quem estude "para o exame" daqui a 2 ou 3 dias; há quem estude "para toda a vida". De duas pessoas que assistem a um filme juntas, é comum que uma delas lembre detalhes por poucos dias enquanto a outra lembre o filme por muito tempo.

Um fator que regula a maior persistência de algumas memórias é o nível de "alerta emocional" que acompanha sua consolidação inicial, como demonstraram Cahill e McGaugh (1998) em uma série de experimentos e observações importantes no fim da década de 1990. Todos recordamos por mais tempo e em maior detalhe acontecimentos que ocorreram com um forte grau de alerta emocional: nosso casamento, o nascimento de nosso primeiro filho, a morte de Ayrton Senna, a morte de

> **Todos recordamos por mais tempo e em maior detalhe acontecimentos que ocorreram com um forte grau de alerta emocional.**

alguém muito querido. Poucos recordamos em detalhe a tarde anterior ou posterior a esses acontecimentos ou, sem ir muito longe, a tarde de ontem. Porém, há muitos fatos e eventos que não foram adquiridos com um alto nível de alerta emocional e que recordamos muito bem por anos: algumas leis da física aprendidas no colégio, o nome e o rosto de algumas pessoas que nada representam para nós, as letras de canções das quais nunca gostamos muito, uma porta de uma casa em que nunca entramos, etc.

Há 10 anos, vários laboratórios decidiram investigar se existem mecanismos posteriores à consolidação celular que expliquem a persistência de algumas memórias de longa duração por poucos ou muitos dias.

Os primeiros resultados foram muito promissores. Nosso grupo descreveu um possível mecanismo que atua 12 horas depois da aquisição, ativando a área tegmental ventral (VTA, *ventral tegmental area*) cujos axônios dopaminérgicos inervam a região CA1 do hipocampo e, nela, estimulam receptores D1, que aparentemente estimulam a síntese rápida do fator neurotrófico derivado do cérebro (BDNF) no hipocampo e sua imediata liberação. Paralelamente, Kirsten Eckel-Mahan, em Seattle, descreveu outro mecanismo, cíclico e hemicircadiano, que consiste em um aumento a cada 12 horas da atividade das proteinoquinases ativáveis extracelularmente (ERKs) e da proteinoquinase cálcio/calmodulina-dependente (CaMKII) no hipocampo a partir do momento em que certa tarefa de esquiva é adquirida. Em princípio, ambos os mecanismos poderiam coexistir, mas, dependendo do *timing*, poderiam ocorrer, em mais de uma ocasião, colisões entre ambos, requerendo um bloqueio mútuo ou uma verdadeira oclusão para que pelo menos um deles tivesse algum significado funcional.

Meses depois de publicados esses achados, Parfitt, Barros e colaboradores, em Rio Grande (RS), descreveram em rápida sucessão dois outros mecanismos, também hipocampais, que produziriam um aumento de persistência de memórias aversivas semelhantes às estudadas por nós e por Eckel-Mahan. Um desses mecanismos agiria por meio de processos colinérgicos; e o outro, por mecanismos noradrenérgicos. A evidência da viabilidade fisiológica desses outros mecanismos era tão boa como a dos demais mecanismos propostos por Eckel-Mahan e por nós. Mas, novamente, se considerava o problema da colisão entre ambos e a possibilidade de oclusão mútua.

A essa altura, surgiu uma grande dúvida sobre todos esses "mecanismos" da persistência das memórias aversivas no hipocampo. A descrição de tantos possíveis mecanismos para fazer a mesma coisa nos fez duvidar da importância de todos eles. Nenhum deles foi, de fato, corroborado de maneira inequívoca por outros grupos de pesquisadores.

Hoje, reina o ceticismo sobre a importância que possam ter esses quatro sistemas diferentes convergindo sobre uma mesma estrutura fisiológica, sabidamente comprometida com muitas outras funções, todos para regular a mesma "coisa". Como foi dito, poderiam colidir e se cancelar mutuamente, que seria o mais provável.

Assim, atualmente, o consenso geral é de que a eficácia do alerta emocional durante a consolidação (McGaugh, 1966, 2000) e o processo de reconsolidação (que será comentado no Capítulo 6) são os mecanismos mais importantes para a persistência das memórias. Os demais, no máximo, poderiam ser acessórios ou redundantes.

6
EVOCAÇÃO, EXTINÇÃO E RECONSOLIDAÇÃO DAS MEMÓRIAS

Como observou William James, em 1890, a única forma de avaliar as memórias é medindo sua evocação.

No momento da evocação, o cérebro deve recriar, em instantes, memórias que levaram horas para ser formadas. Às vezes, a evocação está inibida por mecanismos variados (por exemplo, "Tenho o nome na ponta da língua, mas não consigo lembrar"), mas quando essa inibição é superada, a evocação ocorre rapidamente, às vezes de maneira muito detalhada. Mais adiante, veremos várias das possíveis causas da inibição transitória da evocação.

MECANISMOS DA EVOCAÇÃO: O ATO DE REVIVER MEMÓRIAS

Como vimos no Capítulo 3, o consenso entre os pesquisadores da área é de que as memórias são armazenadas por meio de modificações – permanentes ou ao menos muito duradouras – da forma e da função das sinapses das redes neurais de cada memória. Essas modificações resultam do processo de consolidação da memória de longa duração.

> O consenso entre os pesquisadores da área é de que as memórias são armazenadas por meio de modificações da forma e da função das sinapses das redes neurais de cada memória.

Foi também consenso, durante décadas, que no momento da evocação ou da lembrança ocorre uma reativação das redes sinápticas de cada memória. Esse mecanismo é um corolário do anterior. É bem-conhecido o fato de que a evocação será tanto melhor, mais fácil e mais fidedigna quanto mais componentes do(s) estímulo(s) condicionado(s) sejam apresentados na hora do teste. Em uma sala de aula, não basta pedir ao aluno que responda bem às perguntas de uma prova escrita. É preciso relembrar qual é a disciplina sobre a qual deverá responder, qual é o assunto dessa disciplina e quais são as perguntas que se deseja que ele responda. Não basta colocar um rato sobre uma plataforma qualquer para que ele evoque uma esquiva inibitória: terá que ser a mesma plataforma na qual aprendeu, dentro da mesma caixa de treino, se possível no mesmo ambiente, com a mesma intensidade de luz, etc. Não basta dizer a letra "o" para que alguém lembre do Hino Nacional. Nem sequer "ou...". É preciso dizer "ouviram..." ou, melhor ainda, "ouviram do Ipiranga". Para evocar uma memória, é preciso recriá-la conclamando à ação o maior número possível de sinapses pertencentes aos estímulos condicionados dessa memória. É como reconstruir uma casa: quanto mais tijolos ou argamassa estiverem à disposição, melhor será a reconstrução; se há algum indicativo de a qual lugar da casa pertenciam os grupos desses tijolos, a tarefa poderá ser facilitada.

Só nos últimos anos foi possível demonstrar quais são as principais áreas cerebrais e os mecanismos moleculares do processo de evocação (Barros et al., 2000, 2001). Os estudos envolveram, como no caso da consolidação: (1) a administração localizada, em diversas estruturas cerebrais, de substâncias com ações moleculares específicas; e (2) a medição das alterações bioquímicas causadas pela evocação. A tarefa de aprendizado utilizada foi, novamente, a esquiva inibitória, aprendida em ratos em uma única sessão.

Os resultados e as conclusões são mostrados nos Quadros 6.1 e 6.2. O Quadro 6.1 mostra os mecanismos moleculares detectados na região CA1 do hipocampo para a evocação da memória de curta duração da esquiva inibitória, medida três horas depois do treino. O Quadro 6.2 ilustra os requerimentos moleculares da evocação dessa mesma forma de aprendizado medida 24 horas depois do treino. É possível observar que os requerimentos moleculares da evocação da memória de curta duração são muito menores do que os da memória de longa duração. Além disso, os processos moleculares da evocação da memória de longa duração são idênticos em 4 das 5 estruturas nervosas analisadas: CA1, córtex entorrinal, córtex parietal posterior e córtex cingulado anterior. No núcleo amigdalino, só foi demonstrada a participação de receptores glutamatérgicos do tipo ácido alfa-amino-3-hidroxi-metil-5-4-isoxazolpropiônico (AMPA) e a de receptores beta-adrenérgicos.

Quadro 6.1
Mecanismos da evocação da memória de curta duração

A evocação da memória de curta duração requer, em CA1, receptores glutamatérgicos intactos.

Também envolve a ativação de receptores betanoradrenérgicos, mas estes não são imprescindíveis.

Não requer a intervenção de proteinoquinases.

MEMÓRIA **63**

> ## Quadro 6.2
> ### Mecanismos da evocação da memória de longa duração
>
> Para que ocorra a evocação, são necessários, em CA1, os córtices entorrinal, parietal e cingulado anterior:
>
> **Receptores glutamatérgicos AMPA** e **metabotrópicos** em todas as estruturas e, nos córtices parietal e cingulado, **também receptores do tipo ácido N-metil-D-aspartato (NMDA).**
>
> Atividade normal de **proteinoquinase dependente do adenosilfosfato cíclico (PKA)**.
>
> Atividade normal da via das **proteinoquinases ativadas por mitógenos (MAPK)**, sendo que, em CA1, as enzimas **p42** e **p44** dessa via metabólica aumentam sua atividade em relação à intensidade da evocação (a atividade de ambas as enzimas pode ser tomada como um indicador do nível de evocação).
>
> Atividade normal de várias isoformas da **proteinoquinase cálcio-dependente (PKC)**, incluindo alfa e beta II.
>
> **Não é necessária a atividade da proteinoquinase cálcio/calmodulina-dependente (CaMKII)** em qualquer das estruturas mencionadas durante a evocação.
>
> No núcleo amigdalino, só é necessária a integridade dos receptores glutamatérgicos AMPA e a dos receptores beta-adrenérgicos.

Os requerimentos moleculares da evocação são diferentes dos da formação da memória, tanto de curta duração quanto de longa duração. No primeiro caso, não envolvem a necessidade de outros receptores além dos glutamatérgicos de tipo AMPA, ou seja, aqueles que normalmente processam a transmissão sináptica excitatória. No caso da evocação da memória de longa duração, a ativação de receptores glutamatérgicos varia segundo a estrutura (AMPA e metabotrópicos em CA1 e no córtex entorrinal; AMPA, NMDA e metabotrópicos nos córtices parietal e cingulado anterior). São necessárias, nas quatro regiões corticais, as vias metabólicas da PKA, da PKC e da MAPK, mas em forma simultânea ou quase com a ativação de receptores glutamatérgicos.

As diferenças entre a bioquímica da evocação e a da consolidação indicam que a primeira não é uma simples reiteração da segunda, mas outro processo molecular complexo, que ocorre simultaneamente em várias áreas cerebrais e que obedece a mecanismos bioquímicos próprios em cada um deles. O fato de também requerer receptores glutamatérgicos nada mais significa além de que este é o neurotransmissor excitatório principal do cérebro, incluindo as quatro áreas aqui estudadas. O fato de envolver a necessidade de PKA, PKC e MAPK funcionais, nada mais significa senão que, como vimos no capítulo anterior, essas são três das vias enzimáticas principais em todos os fenômenos plásticos conhecidos nos tecidos nervosos. Em todo caso, observa-se que a evocação não requer CaMKII, nem, quando se trata da memória de curta duração, de qualquer via enzimática importante.

Os "brancos"

Popularmente são chamadas "brancos" as falhas repentinas e inesperadas da evocação que ocorrem em momentos de ansiedade ou estresse. Os "brancos" são comuns em alunos que devem recitar uma poesia ou lembrar-se de uma resposta difícil; em cantores diante da plateia ou em professores com pouca experiência. Seu mecanismo foi determinado em anos recentes por Dominique de Quervain e James McGaugh: obedecem a uma descarga de corticoides da suprarrenal, como ocorre geralmente em momentos de estresse ou alta ansiedade. Os corticoides agem diretamente sobre receptores próprios no hipocampo e t indiretamente estimulando mecanismos betanoradrenérgicos na amígdala basolateral.

A evocação planta as sementes de sua própria extinção

Como vimos no Capítulo 2, desde Pavlov (1926), sabemos que a omissão do estímulo incondicionado (o "reforço", por exemplo, a carne em um aprendizado alimentício, o choque elétrico em um aprendizado aversivo) desencadeia o início da extinção. Em muitas tarefas experimentais, a sessão em que se realiza o teste de evocação da(s) memória(s) costuma ser feita sem a apresentação de estímulo incondicionado. Assim, por exemplo, na sessão de teste da esquiva inibitória, não se apresenta o choque. Recentemente, verificamos que a execução da resposta condicionada é desnecessária para iniciar a extinção (Myskiw et al., 2015). No momento da evocação, o animal percebe isso ao realizar a resposta condicionada. E assim inicia a extinção. Esta, evidentemente, só será observada perante testes sucessivos. Se um rato aprende a não descer de uma plataforma para evitar receber um choque e, na sessão de teste, desce e mesmo assim não recebe o choque, na vez seguinte que seja colocado sobre a plataforma, tenderá a ficar ali menos tempo e, assim, nas sucessivas repetições, até que a resposta "permanecer na plataforma" seja extinta.

A extinção não é uma forma de esquecimento. Não consiste no apagamento de memórias, mas na inibição de sua evocação. A simples passagem do tempo interrompe a extinção (**recuperação espontânea**); o mesmo faz a eventual reiteração do estímulo incondicionado (Pavlov, 1926; Myskiw et al., 2015).

A extinção constitui um **novo aprendizado**. O sujeito que havia aprendido que estímulo condicionado + estímulo incondicionado = resposta, de repente precisa aprender o contrário: estímulo condicionado + ausência do estímulo incondicionado = extinção.

A instalação da extinção, esse novo aprendizado, requer síntese proteica, assim como a consolidação do aprendizado original (ver Capítulo 3). Isso foi observado tanto no lobo da ínsula para o condicionamento aversivo ao gosto quanto para a esquiva inibitória na região CA1 do hipocampo (Vianna, Szapiro, McGaugh, Medina, & Izquierdo, 2001).

O início da extinção, em uma primeira sessão de evocação sem choque elétrico, utiliza receptores glutamatérgicos tipo NMDA, CaMKII, PKA e MAPK, como requer a consolidação de qualquer aprendizado novo (Capítulo 3, Quadro 3.2). A ação desses mecanismos ocorre no exato momento em que se produz a primeira evocação sem reforço: a administração em CA1 de um antagonista de receptores NMDA ou das enzimas mencionadas impede o desenvolvimento ulterior da extinção (Vianna et al., 2001).

Pode-se afirmar, então, que, de fato, a evocação planta as sementes de sua própria extinção, não só do ponto de vista comportamental, mas também do ponto de vista molecular.

O processo de evocação é a única prova real de que aprendemos algo e formamos as conseguintes memórias. Não é universal: a memória de curta duração, as memórias procedurais e o *priming* não apresentam extinção manifestada.

PAPEL FISIOLÓGICO DA EXTINÇÃO

As memórias extintas permanecem latentes e não são evocadas, a menos que ocorra uma circunstância especial: uma apresentação do(s) estímulo(s) usado(s) para adquiri-las de uma forma muito precisa e/ou com uma intensidade muito aumentada, uma "dica" muito apropriada, um quadro emocional que imite o quadro em que elas foram originalmente adquiridas ou uma situação comportamental que se assemelhe à do aprendizado original. Por exemplo, é provável que ao sermos expostos a uma determinada situação perigosa, nos lembremos das estratégias de escape ou defesa para situações perigosas em geral.

Extinção não significa esquecimento: as memórias extintas podem ser "trazidas à tona" de diversas formas; as memórias esquecidas, não. Na vida real, são mais as memórias esquecidas do que as extintas que eventualmente permanecem: é só verificar a perda real e definitiva da maioria das informações que passam e são brevemente retidas pela memória de trabalho. Uma vez que aprendemos a caminhar e a falar corretamente, extinguimos os tropeços e balbucios da primeira infância. Há, porém, também um vasto número de memórias extintas que julgamos esquecidas, mas permanecem armazenadas em forma "latente". O número e a função dessas memórias são desconhecidos e variam de sujeito para sujeito. Possivelmente, cumpram um papel em relação às informações que a memória de trabalho requer do indivíduo cada vez que esse processo gerenciador é posto em operação por alguma experiência determinada, nova ou evocada. É possível que as memórias "desconhecidas" ou latentes desempenhem também alguma função em relação à sempre enigmática "personalidade" que caracteriza cada um de nós, humanos ou animais, e que nos faz misteriosamente parecidos, às vezes, a nossos avós ou a nós mesmos quando éramos pequenos.

Uma função clara das memórias extintas ou semiextintas é a de contribuir com as "misturas de memórias" ou com as evocações parciais ou defeituosas que, como vimos no Capítulo 2, são características das pessoas idosas ou das memórias muito antigas. As memórias episódicas adquiridas em situações particularmente emocionais jamais são esquecidas, como ilustram as perguntas: "Onde você estava quando aconteceu o atentado às torres gêmeas?" ou "Quando morreu Ayrton Senna?". É verdade que muitos conseguem responder a essas perguntas com detalhes; mas é verdade também que muitos detalhes se perdem ao longo dos anos, e muitas outras memórias de situações semelhantes podem se misturar com as das perguntas, dando lugar a respostas erradas. Todos lembramos bem os episódios emocionalmente marcantes. Porém, ninguém é capaz, ao longo dos anos, de lembrar todos os detalhes (todos os rostos e todos os incidentes do dia do nascimento do primeiro filho ou de uma formatura ou de um velório).

É bom considerar o lado adaptativo ou fisiológico da perda de detalhes das memórias, inclusive das mais notáveis ou importantes (Izquierdo, 2008). Além do problema inerente à hipotética possibilidade de armazenar demasiadas memórias e, assim, impedir o curso normal de nossos pensamentos, como o personagem de Borges mencionado no Capítulo 2, que lembrava tantos detalhes que não conseguia viver normalmente, a conservação de demasiados detalhes das memórias muito emocionantes causaria estragos na nossa vida afetiva. Imaginem só se guardássemos todos os detalhes de cada velório de um ser querido: desde o rosto cambiante do morto até o pranto peculiar de cada indivíduo ali presente, ou de um episódio muito humilhante, ou de uma guerra. Viveríamos condenados a permanecer para sempre em um quadro gravíssimo e intratável de depressão ou alucinatório.

A EVOCAÇÃO TAMBÉM PLANTA AS SEMENTES DE SUA PRÓPRIA RECONSOLIDAÇÃO

O processo de evocação é, como vimos, metabolicamente importante em muitas regiões do cérebro e, em parte, envolve a reativação de sistemas de neurotransmissores (noradrenalina, acetilcolina, ácido glutâmico) e proteinoquinases (proteinoquinases ativáveis extracelularmente [ERKs], CaMKII, PKA) utilizados na consolidação. Se, por um lado, sua repetição na ausência do reforço tende a levar à extinção, por outro, a simples reativação da memória pode levar à sua **reconsolidação**.

Esse processo foi descrito em detalhes, em 2000, por Joseph LeDoux e Karim Nader, e tinha sido sugerido em anos anteriores por vários pesquisadores. Consiste na reafirmação da memória causada por sua simples repetição e é mediado por síntese proteica ribossomal no hipocampo e na amígdala basolateral. A administração de anisomicina, um bloqueador desse tipo de síntese proteica, imediatamente depois da evocação, impede a evocação em sessões posteriores. Isso foi observado em muitas tarefas e em muitas espécies. Porém, só acontece se a evocação é relativamente próxima ao treino e não é observada se a tarefa foi bem-consolidada há vários dias. Em humanos, a reconsolidação permite a incorporação de novas informações à memória que está sendo evocada (Forcato, Rodríguez, Pedreira, & Maldonado, 2010). Outro período propício à adição ou à subtração de informações às memórias em humanos é durante as três primeiras horas de sua consolidação (Izquierdo & Chaves, 1988).

Existe, é claro, a alteração do conteúdo da memória pela intrusão ou inclusão de material em outros momentos; por exemplo, nos idosos, simplesmente ao passar dos anos. Obviamente, isso pode ocasionar sua deformação até o ponto de transformá-las em **memórias falsas**; o que é interessante sob o ponto de vista jurídico. Durante o interrogatório de uma testemunha, um advogado astuto pode introduzir mudanças no material evocado por meio das palavras usadas na própria interrogação (por exemplo, "Onde estava o *assassino* no momento do disparo? Perdão, senhor juiz, quis dizer o *acusado...*").

7

A MODULAÇÃO DAS MEMÓRIAS: INFLUÊNCIA DO NÍVEL DE ALERTA, DO NÍVEL DE ANSIEDADE E DO ESTADO DE ÂNIMO

Todos sabemos por experiência própria que os estados de ânimo, as emoções, o nível de alerta, a ansiedade e o estresse modulam fortemente as memórias. Um aluno estressado ou pouco alerta não forma corretamente memórias em uma sala de aula.

Um aluno que é submetido a um nível alto de ansiedade depois de uma aula, pode esquecer aquilo que aprendeu. Um aluno estressado na hora da evocação (por exemplo, em uma prova) apresenta dificuldades para evocar (os famosos "brancos"). Já aquele que, pelo con-

> Os estados de ânimo, as emoções, o nível de alerta, a ansiedade e o estresse modulam fortemente as memórias.

trário, estiver bem alerta conseguirá recordar muito bem. Um aluno profundamente deprimido também recordará pouco e mal.

Isso se deve à operação de vários sistemas moduladores, cuja natureza e cujo modo de ação são hoje bem-conhecidos.

MODULAÇÃO DA AQUISIÇÃO E DA CONSOLIDAÇÃO DA MEMÓRIA DE LONGA DURAÇÃO

A modulação da aquisição e das fases iniciais da consolidação ocorre basicamente ao mesmo tempo, e é difícil distinguir uma da outra. Envolve dois aspectos: (1) distingue as memórias com maior carga emocional das demais, e faz com que as primeiras sejam mais bem gravadas; 2) em determinadas circunstâncias, acrescenta informação neuro-humoral ou hormonal ao conteúdo das memórias (ver próxima seção).

O núcleo-chave na modulação das fases iniciais da consolidação é a região **basolateral do núcleo amigdalino** ou **amígdala**. Essa estrutura envia fibras ao córtex entorrinal e diretamente ao hipocampo, por meio das quais processa seu papel modulador. A amígdala basolateral responde a vários estímulos periféricos tanto sensoriais como hormonais e vegetativos. As vias correspondentes atingem essa estrutura mediante sinapses no córtex entorrinal (McGinty, 1999). O córtex entorrinal pode, assim, ser visto como um grande "filtro" e processador intermediário de informação que é dirigida: (1) ao hipocampo para seu processamento em termos de consolidação de memória de curta ou de longa duração e/ou de evocação; e (2) à amígdala basolateral para sua análise em termos de nível de alerta ou de emoção.

O complexo dos núcleos basal e lateral da amígdala (amígdala basolateral) modula não só memórias declarativas que se consolidam no hipocampo, mas também memórias procedurais ou "hábitos" processados no núcleo caudado (Packard, Cahill, & McGaugh, 1994). É provável que essa ação seja mediada também por conexões através do córtex entorrinal, mas existem conexões diretas entre essa área da amígdala e o núcleo caudado. (Para uma análise detalhada das conexões aferentes e eferentes da amígdala, ver Sah, Faber Lopez De Armentia, & Power 1995.)

Para seu papel modulatório, a amígdala basolateral utiliza sinapses colinérgicas, feitas por fibras provenientes do núcleo basal de Meynert, e betanoradrenérgicas, feitas por fibras provenientes do *locus coeruleus* (ver Capítulo 2 e Figura 2.1), com neurônios da própria amígdala em ambos os casos. Esses sistemas são ativados pelo nível de alerta do indivíduo (maior nível de alerta, maior ativação) e pela aversividade dos estímulos externos ou internos. O estado de alerta ativa neurônios da formação reticular mesencefálica, e axônios das suas células inervam os núcleos da amígdala, o septo e o córtex entorrinal. No estado de alerta, provavelmente predomina a utilização das sinapses betanoradrenérgicas (Cahill & McGaugh, 1998). Há também terminações dopaminérgicas e serotoninérgicas na amígdala: elas estão envolvidas na percepção da ansiedade e na geração de respostas para a mesma (ver McGinty, 1999). Há, por último, fibras procedentes do hipotálamo que liberam betaendorfina sobre as sinapses noradrenérgicas da amígdala (ver Izquierdo, 1989). É possível que elas também tenham relação com a modulação da fase inicial das memórias pela amígdala, mas têm sido menos estudadas a esse respeito do que as outras.

Há muitos anos, sabe-se que o nível de alerta, a ansiedade e o estresse são acompanhados por um aumento do tônus simpático, que acarreta uma liberação de noradrenalina das terminações dos nervos simpáticos para o sangue. Sabe-se, também, que o alerta, a ansiedade e o estresse causam a liberação de hormônio adrenocorticotrófico (ACTH) pela hipófise anterior, de glucocorticoides pelo córtex da suprarrenal, de adrenalina pela medula da suprarrenal e de vasopressina pela hipófise posterior. O nível sanguíneo dessas substâncias se correlaciona com o estado do sujeito. Assim, aumenta conforme o alerta aumenta e se confunde já com um grau moderado de ansiedade, continua aumentando conforme a ansiedade cresce, até o ponto de se confundir com o estresse, e aumenta ainda mais conforme o estresse se intensifica. O efeito de todas essas substâncias na aquisição ou na fase inicial da consolidação (primeiros 5 a 10 minutos) é **aumentá-la** até certo nível e, a partir deste, quando a ansiedade é intensa e começa o que poderíamos denominar estresse, é o de **diminuir** a consolidação. Existe, portanto, um efeito realmente modulador com uma curva em U invertida, denominada curva de Yerkes-Dodson (Figura 7.1), em homenagem aos autores que primeiro descreveram a modulação das memórias pela ansiedade e o estresse (ver McGaugh, 2000).

Os hormônios mencionados são denominados por muitos como "hormônios do estresse", embora sua liberação acompanhe não só o estresse como também níveis menores de ativação nervosa generalizada: o alerta e a ansiedade. É verdade, todavia, que existe um *continuum* entre o alerta, a ansiedade e o que já pode ser denominado estresse. Do ponto de vista psiquiátrico, é claro que as três condições se apresentam rodeadas por uma sintomatologia que as torna muito diferentes entre si. O alerta não causa "sintomas", mas sim respostas generalizadas, como aumento do tônus muscular, taquicardia, leve elevação da pressão arterial, certa dilatação pupilar (midríase), além da aparição de um eletroencefalograma (EEG) cortical caracterizado por ondas pequenas e de alta frequência. Todas essas características acentuam-se na ansiedade e ainda muito mais no estresse, até alcançar proporções extremas, mas já ligadas a sintomas psíquicos característicos, muitos deles dignos de tratamento.

Como foi dito, a amígdala basolateral responde aos níveis circulantes dos "hormônios do estresse" devido à ativação das sinapses colinérgicas e principalmente das noradrenérgicas que recebe. Por meio de suas fibras dirigidas ao córtex entorrinal e ao hipocampo, ativa ou inativa suas sinapses seguindo a lei de Yerkes-Dodson (Figura 7.1).

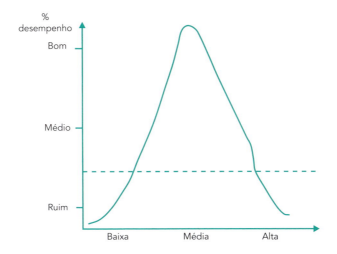

Figura 7.1

Curva de Yerkes-Dodson: os eixos verticais representam o nível de consolidação ou de evocação; o eixo horizontal representa o nível de ansiedade, estresse ou dos hormônios "do estresse" após sua liberação endógena ou sua administração no sujeito. As funções mnemônicas requerem certo nível de ansiedade ou estresse para seu correto desempenho, mas falham se esse nível for muito alto.

Cabe citar também a oxitocina, hormônio da hipófise posterior, como a vasopressina, e de estrutura química similar a esta. A oxitocina é o principal hormônio do parto e age sobre o útero, mas também afeta direta e indiretamente neurônios da amígdala, provocando sua inibição e exercendo, em consequência, um efeito amnésico. Lembremos aqui que os partos costumam ser dolorosos e, não obstante isso, as fêmeas de diversas espécies – as mulheres, por exemplo – costumam ter vários filhos e não lembram da dor real que representou cada parto. Lembram-se das circunstâncias da dor, do fato de que houve muita dor, mas não da dor em si. A dor é uma das poucas coisas emocionalmente importantes que não pode ser evocada em sua verdadeira intensidade. Muitos opinam que a amnésia da dor do parto, ou de outras dores intensas, pode ser devida a uma ação moduladora da oxitocina ou da betaendorfina sobre a amígdala ou outras áreas cerebrais.

> **Indivíduos com lesões da amígdala basolateral são incapazes de lembrar corretamente os aspectos mais emocionantes de textos ou de cenas presenciadas.**

O papel da amígdala é crucial nas memórias de eventos de alto conteúdo emocional, aversivo ou não. Indivíduos com lesões da amígdala basolateral são incapazes de lembrar corretamente os aspectos mais emocionantes de textos ou de cenas presenciadas. A região da amígdala apresenta, em sujeitos normais, uma hiperativação quando eles são submetidos a textos ou cenas emocionantes ou capazes de produzir um maior grau de alerta. Por último, é conhecido o fato de que efetivamente lembramos melhor as memórias com maior conteúdo emocional, aquelas que, em língua inglesa, são denominadas "*flashbulb memories*" (o tipo de memória que nas histórias em quadrinhos são ilustradas com uma lâmpada acesa dentro da cabeça de quem fica alertado por elas) (Cahill & McGaugh, 1998).

As pessoas costumam lembrar melhor e em mais detalhe os episódios ou eventos carregados de emoção, como onde estavam quando o presidente Kennedy foi assassinado ou quando seu país ganhou uma Copa do Mundo. A Hungria chegou como favorita à final da Copa de 1954, perdendo para Alemanha Ocidental. Um senhor húngaro de 84 anos, que conheci em 1986, lembrava a formação do time húngaro nos sete jogos em que participou, e o autor de cada um dos gols. Porém, como vimos no capítulo anterior, nem mesmo assim a recordação desses eventos chega a ser perfeita: nas melhores memórias, sempre há um grau de extinção. Como talvez fosse de se esperar, só duvidou e quase errou em dois nomes do time que disputou a final.

Além da intervenção da amígdala basolateral, a fase inicial da consolidação da memória de longa duração é mediada por receptores dopaminérgicos tipo D1, betanoradrenérgicos e serotoninérgicos tipos 1A, localizados no córtex entorrinal. Esses receptores respondem a terminações de axônios procedentes da substância negra, do *locus ceruleus* e dos núcleos da rafe, respectivamente. Os receptores D1 e beta do córtex entorrinal atuam aumentando a atividade da adenililciclase, a enzi-

MEMÓRIA **73**

ma que produz adenosilfosfato cíclico (AMPc) e regula indiretamente a atividade da proteinoquinase dependente do AMPc (PKA), enzima que usa AMPc como cofator. Os receptores 1A têm o efeito contrário. As vias dopaminérgicas e serotoninérgicas não têm nenhum papel importante na regulação da fase inicial da consolidação da memória de longa duração no hipocampo, no córtex parietal e na amígdala basolateral (Izquierdo, Furini, & Myskiw, 2006). A via noradrenérgica, porém, agindo sobre receptores beta localizados na região CA1 do hipocampo, exerce um efeito estimulante sobre a fase inicial da consolidação da memória de longa duração. Essa ação é puramente sináptica e não tem relação com a estimulação da adenililciclase nem da PKA.

DEPENDÊNCIA DE ESTADO ENDÓGENA

Em muitos casos, as memórias adquiridas sob uma situação de ansiedade ou estresse incorporam a seu conjunto de estímulos condicionados componentes da situação neuro-humoral e hormonal em que foram adquiridas. Assim, a aquisição de uma esquiva inibitória é ansiogênica e/ou estressante porque envolve um choque elétrico, que produz hipersecreção de neurotransmissores ou neuromoduladores (betaendorfina, noradrenalina) e hormônios do estresse (noradrenalina do sistema simpático, adrenalina, glucocorticoides, vasopressina, ACTH) com ações sobre a amígdala basolateral. O conjunto dessas alterações neuro-humorais e hormonais se incorpora à experiência como mais um conjunto de componentes do estímulo condicionado, e seus componentes podem servir como "dica" na hora da evocação.

Como sabemos, para conseguir uma boa evocação de qualquer memória é conveniente apresentar ao animal o maior número possível de componentes do estímulo condicionado (Capítulo 4). Os animais e as pessoas evocam melhor uma memória ansiogênica, aversiva ou estressante quando colocados novamente em uma situação com essas características, similar à do treino inicial ou, então, quando injetados com hormônios do estresse em uma dose que faça a concentração sanguínea aproximar-se à do treino inicial (Izquierdo, 1984).

Esse fenômeno denomina-se **dependência de estado endógena** e tem uma enorme importância adaptativa. Permite que, perante uma situação presumivelmente perigosa, como em geral são todas as situações com um alto conteúdo de alerta ou ansiedade, o sujeito "traga à tona" seu acervo de memórias de circunstâncias do gênero, para, assim, poder ter à disposição um conjunto de respostas possíveis. As respostas a situações potencialmente perigosas costumam ser de fuga, de luta, de imobilidade, de dissímulo, etc. Todos os animais as possuem. Em alguns deles, predomina determinado tipo de resposta, dependendo das circunstâncias, mas, sem dúvida, é bom ter o maior número delas disponíveis quando necessário.

Modulação da memória de trabalho

Como vimos no Capítulo 2, a memória de trabalho depende basicamente da atividade elétrica *on-line* de neurônios do córtex pré-frontal e de suas interações com o sistema hipocampal e com outras regiões corticais, via córtex entorrinal.

A memória de trabalho é modulada, no córtex pré-frontal, por vias dopaminérgicas ascendentes que agem por meio de receptores D1 e por vias colinérgicas muscarínicas procedentes do núcleo de Meynert. Essas vias exercem também uma modulação adicional indireta da memória de trabalho, no hipocampo e no córtex parietal posterior, seguramente mediada pelo córtex entorrinal.

Modulação da memória de curta duração

A memória de curta duração é modulada na fase inicial de sua consolidação por receptores dopaminérgicos tipo D1, betanoradrenérgicos e serotoninérgicos tipo 1A localizados na região CA1 do hipocampo e no córtex entorrinal. Os efeitos dessa modulação são complexos, porque essas vias produzem efeitos desiguais em ambas as estruturas.

Em CA1, os receptores dopaminérgicos D1 e os serotoninérgicos 1A inibem a formação de memória de curta duração, e os betanoradrenérgicos não têm efeito.

Já no córtex entorrinal, os receptores betanoradrenérgicos e os serotoninérgicos 1A favorecem a consolidação da memória de curta duração, enquanto os dopaminérgicos D1 inibem esse processo.

Os efeitos são diferentes daqueles que esses receptores causam de modo simultâneo sobre a formação da memória de longa duração no córtex entorrinal, o que certamente ilustra mais uma diferença entre os mecanismos de ambos os tipos de memória (Izquierdo, Medina, Vianna, Izquierdo, & Barros 1999).

O resultado de tudo isso é que se torna extremamente difícil, senão impossível, prever como determinado nível de alerta ou ansiedade pode regular em mais ou em menos a consolidação das memórias de curta e de longa duração, logo depois de ambas serem adquiridas. Realmente, pouco podemos dizer além daquilo que todos sabem: "as emoções e os estados de ânimo influenciam em muito a formação das memórias". Dependendo do grau de ativação ou inativação das três vias mencionadas em cada momento, por influência do nível de ansiedade ou do estado de ânimo do sujeito, e dependendo do equilíbrio entre os efeitos de cada uma das três vias (dopaminérgica, noradrenérgica e serotoninérgica) entre si e nas duas estruturas mencionadas (CA1 e córtex entorrinal), é possível ter uma vasta gama de efeitos modulatórios sobre a formação inicial das memórias de curta duração. Esses efeitos poderão ser maiores ou menores em cada caso em um mesmo sujeito em diferentes horas do dia, por exemplo, ou dependendo da intensidade de

> As emoções e os estados de ânimo influenciam em muito a formação das memórias.

sua ansiedade e das oscilações de seu estado de ânimo. De qualquer maneira, a modulação da memória de curta duração é mais ou menos imprevisível, embora saibamos com precisão o efeito de cada via e dos receptores correspondentes sobre esse processo. Além do mais, essa modulação não será igual nem no mesmo sentido que a modulação simultânea, pelas mesmas vias, da consolidação da memória de longa duração.

Há aspectos, no estudo dos processos cognitivos e no estudo das emoções e do ânimo, que certamente não podem se reduzir a uma frase, como apreciam os jornalistas e os aficionados a reducionismos teóricos. O principal é que, embora conheçamos as vias envolvidas na percepção dos estados de ânimo e das emoções e nas respostas aos mesmos, não conhecemos a natureza daquilo que é traduzido. Por exemplo, não sabemos por que um incidente específico nos causa determinado estado de alerta ou de ansiedade. A resposta varia segundo a ocasião. Também não sabemos como e por que um estado de alerta específico ou de ansiedade ocasiona certo nível de ativação da via dopaminérgica cerebral e outro não. Não conhecemos a natureza dos sentimentos subjacentes aos estados de ânimo ou às emoções, muito menos se irão traduzir-se em determinado nível funcional de uma via ou de outra, nem de que maneira. Todos temos constantemente sentimentos e emoções. Intuitivamente, percebemos que não é possível, talvez nem faça sentido, traduzir isso em termos precisos de atividade neuronal. Contrariamente à opinião dos reducionistas, o mais atuante dos quais é o português radicado em Iowa Antônio Damasio (ver bibliografia na internet), estamos longe, talvez irremediavelmente longe, da tradução de sentimentos em moléculas.

Se não podemos sequer fazer predições precisas sobre o resultado da modulação da memória de curta duração em termos fisiológicos, apesar de conhecermos em detalhe as vias, os receptores e os sistemas envolvidos, e seus sítios e momentos de ação... É possível fazer experimentos e demonstrar correlações detalhadas, mas é pouco sensato brincar de ser Deus.

MODULAÇÃO DAS FASES TARDIAS DA CONSOLIDAÇÃO DA MEMÓRIA DE LONGA DURAÇÃO

Como vimos, a modulação da fase inicial da consolidação das memórias de longa duração é dependente primordialmente da amígdala basolateral e, em menor grau, de receptores betanoradrenérgicos no hipocampo e no córtex entorrinal.

Entre 3 e 6 horas depois da aquisição, há uma segunda fase modulatória, coincidente com a segunda fase de atividade da PKA (ver Capítulo 3) e a subsequente ativação do P-CREB (do inglês *cAMP responsive-element binding protein*) e da síntese proteica, fase esta que é essencial para a ulterior fixação das memórias em sua forma definitiva.

Essa segunda fase modulatória é relativamente simples. Simultaneamente, em CA1, no córtex entorrinal e no córtex parietal posterior, fibras dopaminérgicas agindo sobre receptores D1, fibras noradrenérgicas agindo sobre receptores beta e fibras serotoninérgicas agindo sobre receptores 1A modulam essa fase tardia e crucial da consolidação. As duas primeiras realizam tal ação estimulando, nas três estruturas mencionadas, a adenililciclase; e a última, inibindo a adenililciclase. Como foi mencionado, esta enzima produz o AMPc que age como cofator da PKA. As ações moduladoras das vias mencionadas influenciam de maneira direta os processos metabólicos que levam à síntese proteica e à eventual alteração morfológica das sinapses envolvidas nessas estruturas, com cada memória de longa duração.

MODULAÇÃO DA EVOCAÇÃO

A modulação da evocação também é bastante simples, e envolve ações de fibras dopaminérgicas agindo sobre receptores D1, fibras noradrenérgicas agindo sobre receptores beta e fibras serotoninérgicas agindo sobre receptores 1A e, além delas, fibras colinérgicas atuando sobre receptores muscarínicos, provenientes do núcleo de Meynert.

> A evocação é melhorada pelos receptores D1, beta e muscarínicos, e inibida pelos receptores 1A, ao mesmo tempo, na região CA1 do hipocampo, no córtex entorrinal e no córtex cingulado anterior.

A evocação é melhorada pelos receptores D1, beta e muscarínicos, e inibida pelos receptores 1A, ao mesmo tempo, na região CA1 do hipocampo, no córtex entorrinal e no córtex cingulado anterior, ou seja, nas quatro áreas em que a ativação da PKA e de outras enzimas é necessária para que aconteça a evocação (Barros et al., 2001).

FUNÇÃO INIBITÓRIA DO SISTEMA GABAÉRGICO SOBRE TODOS OS TIPOS DE MEMÓRIA

O principal modulador da memória de trabalho e de todos os demais tipos de memória é o conjunto de sistemas inibidores GABAérgicos presentes na região CA1 do hipocampo, nos córtices entorrinal, parietal, cingulado anterior, cingulado posterior e pré-frontal anterolateral e corticomedial. Agindo em cada um desses sítios, o ácido gama-aminobutírico (GABA), principal neurotransmissor inibitório do cérebro, inibe todos os processos envolvidos na formação ou na evocação dos diversos tipos de memória por uma ação sináptica direta sobre os receptores denominados $GABA_A$. A inibição GABAérgica é instantânea, pois é mediada por um receptor ionotrópico, com efeito hiperpolarizador sobre as células devido a uma entrada rápida de cloro (Cl^-), que se contrapõe à despolarização causada pelos receptores glutamatérgicos ionotrópicos do tipo ácido alfa-amino-3-hidroxi-metil-5-4-isoxazolpropiônico (AMPA) e ácido N-metil-D-aspartato (NMDA) (Brioni, 1993).

MEMÓRIA **77**

O papel dos demais subtipos de receptores GABAérgicos sobre a memória é discutível. Há evidências de que os receptores $GABA_B$ possam desempenhar também um papel no hipocampo ou na amígdala.

O receptor $GABA_A$ possui, em algumas de suas subunidades, sítios receptores aos benzodiazepínicos, ao etanol, aos barbitúricos e a alguns esteroides anestésicos. Essas substâncias também inibem as memórias, principalmente as memórias episódicas.

O efeito inibidor dos receptores $GABA_A$ é instantâneo e definitivo. Os agonistas que se ligam ao sítio receptor do GABA (muscimol) ou ao dos benzodiazepínicos, do etanol ou dos barbitúricos causam uma supressão imediata da atividade celular de todas as áreas envolvidas em um ou outro tipo de memória. Pode-se afirmar que os sistemas GABAérgicos são o "freio" principal da formação e da evocação das memórias. Se suficientemente intensa, a inibição GABAérgica efetivamente suprime toda e qualquer intervenção da transmissão glutamatérgica sobre a formação ou a evocação de qualquer forma de memória e, sem dúvida, todas as consequências desta, citadas a partir do Quadro 3.2.

RESUMO

As ações dos diferentes sistemas moduladores estão resumidas no Quadro 7.1.

Quadro 7.1
Sistemas moduladores da memória: sítios e tempos de ação

Amígdala basolateral

Modula a memória utilizando sinapses colinérgicas muscarínicas e betanoradrenérgicas, por meio de suas projeções à área CA1 do hipocampo e do córtex entorrinal.

Age sobre a fase inicial da consolidação da memória de longa duração. Por meio das sinapses colinérgicas, também regula a memória de trabalho.

É ativada por alguns neuromoduladores centrais (vasopressina) e inibida por outros (betaendorfina, oxitocina).

É ativada pelo tônus simpático e por noradrenalina, adrenalina, glucocorticoides, vasopressina e adrenocorticotrofina circulantes ("hormônios do estresse"). É particularmente ativada por terminações colinérgicas agindo sobre receptores tanto muscarínicos como nicotínicos e por substâncias que agem estimulando essas terminações, entre elas várias utilizadas no tratamento da doença de Alzheimer (ver próximo capítulo).

(continua)

(continuação)

Quadro 7.1
Sistemas moduladores da memória: sítios e tempos de ação

Vias dopaminérgicas agindo sobre receptores D1

Facilitam a memória de trabalho agindo no córtex pré-frontal.

Inibem a formação de memória de curta duração na região CA1 do hipocampo e no córtex entorrinal.

Facilitam a formação de memória de longa duração por ações sobre CA1, córtex entorrinal e córtex parietal. Esses efeitos são exercidos durante as primeiras seis horas depois da aquisição no córtex entorrinal, e entre 3 e 6 horas depois da aquisição no hipocampo e no córtex parietal.

Facilitam a evocação agindo simultaneamente sobre CA1, córtex entorrinal, córtex parietal e córtex cingulado anterior.

Vias noradrenérgicas agindo sobre receptores beta

Facilitam a formação de memória de curta duração na região CA1 do hipocampo.

Facilitam a formação de memória de longa duração por ação sobre CA1 e sobre o córtex parietal imediatamente depois da aquisição, e, novamente, de 3 a 6 horas mais tarde. Também realizam a facilitação atuando sobre o córtex entorrinal desde o momento da aquisição até seis horas mais tarde.

Facilitam a evocação agindo simultaneamente sobre CA1, córtex entorrinal, córtex parietal e córtex cingulado anterior.

Vias serotoninérgicas agindo sobre receptores 1A

Facilitam a formação de memória de curta duração agindo sobre CA1. Ao mesmo tempo, inibem formação de memória de curta duração agindo sobre o córtex entorrinal

Inibem a formação de memória de longa duração por ação sobre CA1 e sobre o córtex parietal de imediato depois da aquisição, e, novamente, de 3 a 6 horas mais tarde. Também realizam a inibição atuando sobre o córtex entorrinal desde o momento da aquisição até seis horas mais tarde.

Inibem a evocação agindo simultaneamente sobre CA1, córtex entorrinal, córtex parietal e córtex cingulado anterior.

Vias colinérgicas agindo sobre receptores muscarínicos

Facilitam a memória de trabalho por uma ação sobre o córtex pré-frontal.

Facilitam a formação de memórias de curta ou de longa duração por ações sobre CA1, córtex entorrinal ou córtex parietal posterior nos primeiros momentos de sua formação.

Facilitam a evocação por ação sobre CA1, córtex entorrinal, córtex parietal e córtex cingulado anterior.

8
SÍNDROMES AMNÉSICAS E HIPERMNÉSICAS

O estudo detalhado das diversas síndromes amnésicas não é matéria deste livro, mas dos textos de neurologia ou psiquiatria especializados no tema. Porém, uma breve descrição de alguns deles, em relação aos mecanismos analisados nos capítulos precedentes, pode ser útil.

Como todas as funções que envolvem sinapses, a melhor forma de melhorar e de conservar a memória, em todos os seus tipos e suas modalidades, é a prática. Há 50 anos, sabe-se que o uso aumenta o tamanho e melhora a função das sinapses em geral, e a falta de uso as atrofia, tanto anatômica como fisiologicamente. Quem primeiro estudou isso e o fez em maior detalhe foi o australiano John Carew Eccles, na década de 1950. Eccles examinou sinapses neuromusculares e comparou sua forma e a quantidade de neurotransmissor liberado por cada impulso (no caso, acetilcolina), e a extensão da superfície pós-sináptica receptora a esse neurotransmissor, tanto em situações de uso reiterado quanto de falta de uso.

> Nos processos mediados por sinapses, como os de formação e evocação da memória, aplica-se o velho adágio: "a função faz o órgão".

Dados muito semelhantes foram obtidos anos mais tarde em muitas outras sinapses e em muitas outras funções, inclusive a memória (ver Greenough, 1985). Nos processos mediados por sinapses, como os de formação e evocação da memória, aplica-se o velho adágio: **"a função faz o órgão"**.

Patologia básica da amnésia

A memória falha quando as sinapses encarregadas de fazer ou evocar um ou outro tipo de memória encontram-se em **número diminuído** ou estão **inibidas** ou **alteradas**.

O número de sinapses e/ou de neurônios das regiões responsáveis pelas memórias está diminuído desde o nascimento em quadros neurológicos causados por anomalias genômicas ou por lesões cerebrais na hora do parto ou pouco antes ou depois. Curiosamente, essas síndromes não costumam ser examinadas nos congressos e nos textos especializados em temas cognitivos, embora a falha mais saliente dos pacientes seja a incapacidade ou a dificuldade em formar e evocar memórias. A patologia das diversas formas de retardo mental é variada, mas envolve sempre uma redução quantitativa de neurônios e sinapses no córtex pré-frontal, no hipocampo e no córtex do lobo temporal. Em alguns quadros, observam-se lesões anatômicas grosseiras.

Na idade adulta, como veremos, ocorre uma diminuição do número de neurônios que podemos denominar fisiológica. Essa diminuição é gradativa, acontece em todas as regiões cerebrais, desenvolve-se ao longo de décadas e raramente ocorre um déficit funcional resultante dela antes dos 80 a 85 anos. Porém, muitas doenças são acompanhadas por uma aceleração da perda neuronal fisiológica. Isso pode acontecer por hipóxia (falta de chegada de oxigênio ao cérebro), hiperestimulação e esgotamento ou fenômenos bioquímicos causados por determinadas doenças (Figura 8.1).

A morte por hipóxia pode ser direta ou precedida por uma fase de hiperestimulação. Em ambos os casos, denomina-se **apoptose**. A hipóxia causa uma despolarização pela diminuição das propriedades da membrana celular que mantém o equilíbrio iônico normal entre seu interior e seu meio externo: mais sódio, menos potássio do lado externo. Isso se deve a dois aspectos: a propriedade da membrana de se constituir em um filtro específico para ambos os íons, e a existência de uma **bomba de sódio e potássio**, uma enzima localizada na própria membrana celular que, impulsionada pela energia derivada da hidrólise de trifosfato de adenosina (ATP), expulsa o sódio para o exterior e permite a entrada de potássio. Se abrupta, a despolarização ocasiona a perda imediata de todas as propriedades elétricas da célula, inclusive de seu potencial de repouso, o qual a incapacita para gerar potenciais pós-sinápticos e de ação. Se gradual, a despolarização aumenta transitoriamente a atividade das células em questão; as terminações axônicas liberarão mais glutamato, este excitará cada vez mais as membranas pós-sinápticas, ambas ficarão hiperestimuladas até o esgotamento e a morte celular correspondente. Durante o período intermediário, enquanto as células estão morrendo, as cadeias enzimáticas (mencionadas nos Capítulos 3, 5 e 6) também se ativam em excesso até o esgotamento.

É comum observar nas áreas que estão se necrosando, durante a apoptose, descargas epilépticas detectáveis no eletroencefalograma (EEG) e, às vezes, também comportamentalmente. A morte neuronal induzida por agentes convulsivantes (metrazol, estricnina, picrotoxina, etc.) obedece à hiperestimulação seguida de apoptose.

É interessante notar que os passos da apoptose envolvem sequências de processos análogos qualitativamente aos que intervêm nos processos plásticos, só que de modo exagerado e terminal.

AMNÉSIAS NOS TRANSTORNOS AFETIVOS

Os transtornos afetivos, principalmente a **depressão**, habitualmente são acompanhados por algum grau de amnésia. Nessas doenças, não há evidência de alterações morfológicas, mas vários sistemas centrais envolvidos na modulação das memórias (as vias dopaminérgicas, noradrenérgicas e serotoninérgicas) falham ao mesmo tempo

As falhas da memória são mais frequentes na depressão e costumam ser exageradas pelos pacientes, que as percebem como maiores do que realmente são. O paciente depressivo tem uma clara tendência a recordar melhor as experiências negativas (humilhações, perdas, doenças, mal-estares, outros episódios depressivos anteriores) do que as memórias mais alegres ou agradáveis. A amnésia que acompanha a depressão raras vezes atinge proporções graves e algumas vezes não é seletiva: abrange tanto as memórias "ruins" como as memórias "boas". Costuma ser mais manifesta em relação à memória de curta duração e na evocação. A amnésia dos deprimidos é mais bem percebida pelos familiares e amigos que pelos próprios pacientes. Isso é mais comum nos pacientes idosos (Palomo, Beninger, Jiménez-Arriero, Borrell, & Archer, 2001).

> As falhas da memória são mais frequentes na depressão e costumam ser exageradas pelos pacientes.

Devido justamente ao fato de que os indivíduos depressivos apresentam menos amnésia para as memórias mais negativas, não é conveniente, de maneira alguma, tratar a síndrome amnésica da depressão de modo isolado do resto da doença. Um paciente deprimido em que o estado de ânimo continua ruim, mas recupera sua memória por meio de algum tratamento, apresenta, obviamente, maior potencial de risco para o suicídio, que é, como sabemos, a consequência mais temível da depressão.

A depressão deve ser tratada como um todo, por meio de psicoterapia e de medicamentos antidepressivos. No curso do tratamento, a memória do paciente irá melhorando ao mesmo tempo que os demais sintomas do transtorno. Na depressão, o risco de suicídio está sempre latente, e por isso é recomendável que o paciente seja tratado por todos os meios disponíveis. Não é o caso de adotar atitudes preconceituosas, crenças, ou posições pseudoteóricas, como: "Não gosto de remédios", "Não acredito em psiquiatras", etc. Se é possível tratar o paciente com medicamentos **(agentes antidepressivos) e com psicoterapia**, isso deve ser feito. Nenhum desses medicamentos causa dependência, como alguns inventam, nem os psiquiatras ou psicoterapeutas são mal-intencionados ou perigosos. A vida dos pacientes está em jogo.

A **mania** pode envolver também uma disfunção da memória. Nos maníacos ou hipomaníacos (maníacos leves). a memória de trabalho falha com certa frequência: o córtex pré-frontal não "filtra" adequadamente as informações procedentes do meio, e o indivíduo pode agir de maneira confusa. Ocasionalmente, também há falhas na evocação: o paciente costuma relatar que suas recordações ficam "atopetadas, como se quisessem sair todas ao mesmo tempo". Os sintomas amnésicos da mania são atribuídos à hiperfunção dos sistemas dopaminérgicos e noradrenérgicos centrais. Esses sintomas geralmente não são tratados e regridem no curso da intervenção psicoterapêutica e medicamentosa da doença como um todo.

A AMNÉSIA SENIL BENIGNA

A **senilidade** é acompanhada por um enfraquecimento geral dos diversos tipos de memória. Isso se deve à perda neuronal que, como se sabe hoje, se manifesta por meio de uma perda de função só quando ultrapassa certo limiar mínimo e necessário para o desempenho. A perda neuronal, de fato, é maior por volta dos 9 a 13 meses de idade, quando aprendemos a caminhar. Ao fazê-lo, deixamos de utilizar todos os neurônios e as sinapses que se encarregam de considerar, desde um ponto de vista perceptivo, cognitivo e motor, o mundo semi-horizontal e quadrúpede dos animais inferiores. Esses sistemas, por falta de uso, desaparecem. A partir dessa idade, a perda neuronal continua a uma velocidade muito menor durante o resto da vida (Figura 8.1).

A depressão é uma doença de incidência elevada na velhice. Isso se deve à percepção pelo idoso de sua incapacidade física crescente, do enfraquecimento de seus poderes cognitivos (principalmente da memória) e das numerosas perdas reais (de amigos, parentes, condição econômica e possibilidades de trabalho). Devem-se extremar as precauções para um diagnóstico correto da depressão nos idosos e não confundi-la com a simples amnésia senil benigna, muito menos com as fases iniciais de uma demência.

Antigamente, usava-se o termo "pseudodemência" para designar a depressão grave nos idosos, que muitas vezes é acompanhada por desorientação e/ou quadro delirante ou semidelirante. O termo pseudodemência não é ideal, porque a depressão e a demência apresentam sintomatologias muito diferentes que podem e devem ser diferenciadas no diagnóstico. Todavia, os melhores estudos epidemiológicos recentes, realizados na União Europeia e em particular na Espanha, indicam que não há correlação entre a incidência ou prevalência de depressão e demências, muito menos a primeira é fator de risco para a segunda (Palomo et al., 2001).

> As fases iniciais das demências muitas vezes são acompanhadas por um quadro depressivo, que os familiares costumam considerar como mais grave do que realmente é.

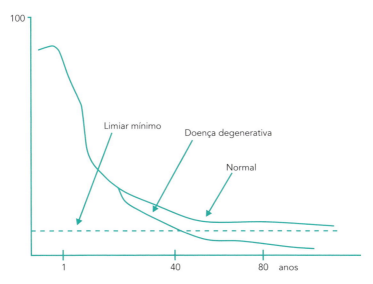

Figura 8.1
Perda neuronal normal e sua aceleração por doenças. Há uma grande perda neuronal por volta do primeiro ano de idade, que declina de maneira exponencial logo depois. A perda continua ao longo da vida a um ritmo menos intenso. Em pessoas normais, essa perda não consegue atingir o limiar mínimo para ocasionar doenças. Em pessoas com quadros degenerativos (por exemplo, doença de Parkinson, doença de Alzheimer, etc.), a perda se acelera a partir de determinado momento (por um distúrbio vascular, infeccioso, tóxico ou de outro tipo) e em determinadas regiões do cérebro, e o número de neurônios disponíveis pode cair abaixo do limiar mínimo necessário para uma função correta. Isso ocasiona os sintomas de hipofunção que caracterizam tais doenças.

As fases iniciais das demências muitas vezes são acompanhadas por um quadro depressivo, que os familiares costumam considerar como mais grave do que realmente é. Essa depressão obedece à percepção pelo paciente de que realmente está perdendo sua função mnemônica aos poucos. Mas, muitas vezes, ocorrem quadros depressivos separados da demência e sem relação de causa e efeito com ela.

O limiar mínimo de funcionamento, para a maioria dos sistemas do cérebro, geralmente é ultrapassado em sentido descendente a uma idade muito avançada: acima dos 95 ou 100 anos. Porém, por causas genéticas, tóxicas ou vasculares, alguns núcleos ou regiões podem atingir esse nível de disfunção mais cedo. Na **doença de Parkinson**, o número de sinapses dopaminérgicas no núcleo caudado pode cair abaixo do mínimo necessário para seu funcionamento normal. Na **doença de Alzheimer**, as lesões características podem levar a uma perda neuronal na área entorrinal e no hipocampo que ultrapassa o mínimo necessário para a função mnemônica (Figura 8.1).

Na amnésia senil denominada benigna, o indivíduo é capaz de manter uma vida mais ou menos normal e autossuficiente durante muitos anos. Creio que ninguém ilustrou com mais precisão e clareza a amnésia senil do que o cineasta Luis Buñuel, descrevendo a de sua mãe e a própria quando começaram a perder suas memórias respectivas (ver Izquierdo & Medina, 1998). Em pessoas de idade muito avançada (acima dos 90 anos), às vezes é difícil estabelecer o limite entre um quadro benigno e um quadro demencial. Os cuidados clínicos e as recomendações para aqueles que formam o entorno do paciente são, muitas vezes, indistinguíveis.

Há muitas variações individuais no curso e na intensidade da amnésia senil denominada benigna. Existem pessoas que conservam seu intelecto e suas memórias muito íntegros além dos 80 anos de idade: Jorge Luis Borges, Konrad Adenauer, Deng Zhaoping, Giuseppe Verdi, a Rainha Vitória, da Inglaterra, e Otto Niemeyer são exemplos clássicos. Muitas outras, não. Provavelmente, o exercício contínuo da memória em suas diversas formas seja a principal causa dessa diferença entre o declínio cognitivo de uns e de outros. Borges praticou com intensidade a literatura e o aprendizado de línguas até sua morte, aos 86 anos. Deng governou e transformou um país enorme e complexo depois dos 90 anos. Verdi compôs suas óperas mais complexas, *Falstaff* e *Otelo*, depois dos 80, o que requereu dele o reaprendizado de harmonia e composição. Para tanto, esses personagens ilustres tiveram que praticar intensamente os diversos aspectos da memória até seus últimos dias. Muitos idosos, no entanto, preferem ficar adormecidos frente a um aparelho de televisão, submetidos a um constante *zapping*, sem prestar seriamente atenção em nada. Esses indivíduos sofrem deterioração gradual, mas rápida, de suas funções cognitivas. A inatividade física e mental dos idosos se relaciona muito com hábitos culturais: no Brasil, por exemplo, as pessoas são "treinadas" durante anos para almejar uma aposentadoria rápida e se dedicar depois a não fazer nada, ainda que física ou mentalmente estejam capacitadas para fazer muitas coisas ainda.

Felizmente, essa praxe cultural está mudando, e, com isso, provavelmente, o número de idosos sadios e integrados à sociedade está lentamente aumentando.

Muitas vezes, as primeiras manifestações da amnésia senil benigna consistem em uma disfunção, geralmente leve, da memória de trabalho, de outras de curta duração ou da atenção (ver próxima seção). A diminuição da memória de trabalho obedece a perdas neuronais no córtex pré-frontal. A diminuição da capacidade de memória de curta duração se deve a perdas neuronais no hipocampo, no córtex entorrinal ou, eventualmente, no parietal.

> A diminuição da capacidade de memória de curta duração se deve a perdas neuronais no hipocampo, no córtex entorrinal ou, eventualmente, no parietal.

Não devemos confundir a amnésia senil com a tendência das pessoas idosas a relembrar memórias antigas em detrimento das memórias mais recentes. Quem melhor explicou isso foi, novamente, Jorge Luis Borges. Os velhos acham preferível lembrar fatos e episódios de sua infância ou juventude, porque correspondem à "época da felicidade": aquela em que eram ágeis, fortes, bonitos, potentes, com toda uma vida à sua espera, aquela em que podiam jogar bola com facilidade, em que conseguiam dançar a noite inteira com pessoas belas do sexo oposto, etc. As memórias mais recentes revelam muitas vezes suas restrições físicas ou anímicas: as mulheres

MEMÓRIA **85**

já não olham para eles na rua de maneira convidativa, mas com pena; a prática dos esportes lhes é negada; uma noite sem dormir já não mais reflete uma noite de prazeres e alegria, mas sim uma penosa noite de insônia. As notícias da atualidade lhes parecem menos interessantes: já se convenceram de que, pessoalmente, nada poderão fazer para influenciar seu curso. As músicas populares modernas lhes revelam sua incapacidade de dançar a seu ritmo, enquanto as de antigamente lhes trazem belas recordações. Muitos de seus amigos já morreram; é melhor lembrar-se deles 40 ou 50 anos atrás, quando compartilhavam momentos inesquecíveis e intensos da vida. É provável que pelo menos parte da perda de memórias recentes pelos idosos seja devida à redução da persistência que se observa depois dos 40 anos para algumas memórias (Izquierdo, 2008).

Os idosos geralmente escolhem, como o fazem todos, quais as memórias que preferem evocar. Quase sempre, a escolha é inconsciente.

HIPERMNÉSIA

Há muitas pessoas normais cuja memória parece melhor que a das demais. Na vida real, o caso mais famoso é o do pequeno Wolfgang Amadeus Mozart, que era capaz, aos 6 anos, de ouvir uma composição orquestral e, ao voltar para casa, escrever a partitura completa em um papel. Sua irmã mais velha, Nannerl, tinha uma capacidade mnemônica não muito inferior para música, e Beethoven parece que também tinha uma grande memória musical quando muito jovem, embora não tanto quanto Mozart. Houve um personagem da vida real, estudado pelo neuropsicólogo russo Luria há 40 ou 50 anos, de quem só conhecemos a inicial S., dotado já na idade adulta de uma memória excepcional. Em anos recentes, McGaugh descreveu muitos casos de hipermnésia.

Mas, à exceção de Mozart, o hipermnésico mais conhecido é o personagem do conto de Borges, Funes, o Memorioso. Funes era capaz de recordar um dia inteiro de sua vida até o último segundo. Mas, para fazê-lo, necessitava, é claro, de outro dia inteiro de sua vida, com o que precisaria viver parado no tempo, coisa que não existe. Assim, de maneira inteligente, Borges demonstra, pelo método do absurdo (tão usado em álgebra), que uma memória perfeita é impossível. Além disso, em seu conto, raciocina que Funes "não seria muito capaz de pensar, porque para pensar é necessário esquecer, para poder fazer generalizações", argumento que é rigorosamente certo (Izquierdo, 2010).

Há um subtipo de pacientes **autistas** com uma patologia severa nos lobos temporais, que se caracteriza por **hipermnésia**: uma capacidade enorme de formar e evocar memórias complexas, muitas vezes referidas a números ou operações matemáticas e/ou à música. O cinema popularizou um exemplo de autista com grande memória para operações matemáticas e números (o personagem interpretado por Dustin Hoffman em *Rain Man*, filme de 1988) e outro de um autista com capacidade musical fora do comum (o personagem interpretado por Geoffrey Rush em *Shine,* filme de 1996).

O subtipo de pacientes autistas com níveis de inteligência baixos ou muito baixos, ao que pertencem os personagens de *Rain Man* ou *Shine*, foi denominado pelos franceses do século XIX de *idiots savants*. O termo, que significa idiotas sábios, pode ser lamentável, mas é descritivo. Porém, com seu entusiasmo pelo "politicamente correto", os autores ingleses e norte-americanos passaram a chamá-los, nos últimos anos, só de *savants* (sábios). É óbvio que essa "nova" designação pode ser politicamente correta, mas é científica ou linguisticamente incorreta: um indivíduo com pouca inteligência não é um sábio, ainda que seja em inglês. Pasteur ou Lavoisier eram *savants*. A personagem de Dustin Hoffman no filme *Rain Man*, não; pelo menos em francês.

Não há explicação científica para a hipermnésia, incluindo os autistas com hipermnésia. Por motivos que não conheço, os pesquisadores têm se mantido afastados do estudo das possíveis patologias desse tipo de síndrome. Talvez isso se deva a dois fatos. O primeiro, que a hipermnésia não é considerada patológica por nossa civilização; pelo contrário, a posse de uma boa memória é entendida como símbolo de sabedoria. A vida geralmente opaca e depressiva dos "*savants*" (ver *Shine* ou as descrições de McGaugh) claramente não indica que isso seja assim. Uma memória excelente pode conviver com um quadro de insuficiência cognitiva generalizada ou uma doença mental. A memória, em suas diversas formas, não é o único componente da cognição nem da inteligência; a percepção, o raciocínio e a criatividade desempenham funções no mínimo igualmente importantes. Um indivíduo perceptivo e criativo com boa capacidade de raciocínio pode suprir um déficit relativo de memória muito bem. Recordemos as grandes obras que Verdi ou Borges criaram em uma idade já muito avançada, quando é de presumir que tinham algum grau de amnésia senil benigna. O presidente Reagan, homem de pouca cultura e já no início da doença de Alzheimer, mas rodeado por assessores inteligentes, concretizou o sonho político de todos os presidentes de seu país: a vitória dos Estados Unidos na Guerra Fria. Além de uma memória bem-treinada em seus muitos anos de ator, embora já decadente por efeito da doença de Alzheimer, Reagan contava com uma qualidade que fazia toda a diferença: sabia rodear-se de assessores apropriados para seus fins.

A ESQUIZOFRENIA COMO UMA DAS GRANDES DOENÇAS DA MEMÓRIA

A esquizofrenia é uma doença mental (alguns acham que é um conjunto de doenças mentais) cuja característica principal é a ocorrência de delírios e alucinações. Os pacientes muitas vezes relatam, assustados ou desesperados, estar sendo virtual-

MEMÓRIA **87**

mente "inundados", "alagados", "bombardeados" ou "perseguidos" por um excesso de informação, que lhes "ataca" sem trégua e sem piedade.

Pela descrição, o quadro mostra-se como o de quem padece de um sério transtorno da memória de trabalho ou gerenciador pré-frontal: o sujeito não consegue discriminar entre as coisas que percebe e se sente inundado, alagado ou sobrepujado por elas. Ao ver uma pessoa apoiada contra uma parede, perto de uma árvore, o sujeito com esse tipo de déficit enxerga tudo ao mesmo tempo, sem discriminar uma coisa da outra, e, obviamente, isso lhe dá razões para sentir-se ameaçado ou perseguido.

Pesquisadores modernos, entre eles Daniel Weinberger (Egan et al., 2001) e Pierre Danion, observaram precisamente que os esquizofrênicos padecem de um déficit severo nas funções da memória de trabalho, com lesões significativas no córtex pré-frontal de origem, pelo menos em parte, genética.

Além disso, essas pessoas padecem de um transtorno amnésico grave para memórias episódicas e explícitas: isso é de se esperar se os episódios consistem em pesadelos e inexatidões, como acabamos de descrever. O déficit da memória declarativa dos esquizofrênicos correlaciona-se com lesões nas diversas estruturas do lobo temporal que participam da memória (ver Capítulos 3 a 5). Os esquizofrênicos costumam ter preservadas suas memórias implícitas e de procedimentos. Essa nova visão da esquizofrenia como uma doença que abrange vários tipos de memória, devido a déficits morfológicos das áreas envolvidas em seu processamento, abre novas perspectivas tanto para a compreensão dessa entidade clínica quanto para o desenvolvimento de tratamentos novos e mais promissores para tal transtorno.

Para muitos psiquiatras ou neuropsiquiatras espanhóis, a esquizofrenia deve ser considerada uma doença mais neurológica do que psiquiátrica, haja vista sua patologia pré-frontal e temporal.

9
AS DEMÊNCIAS

Como vimos, a perda neuronal pode se acelerar na idade adulta como consequência de acidentes cerebrovasculares, de tumores, de lesões ou de uma variedade de processos degenerativos (Figura 8.1). Quando a perda abrange as funções superiores, os quadros clínicos denominam-se **demências** (*de*: partícula privativa; mência: derivado de *mens*, mente). Literalmente, ao perder neurônios, perdem-se as funções mentais; entre elas, as memórias.

Entre as muitas funções mentais diminuídas ou perdidas, destaca-se a memória. Em primeiro lugar, sua perda é muitas vezes incapacitante e é notada tanto pelo paciente como por seus familiares ou companheiros. Em segundo lugar, envolve um grau de despersonalização que, em casos severos, é trágica. Voltamos à frase do início: "somos aquilo de que nos lembramos". Quando perdemos aquelas memórias que fazem cada um de nós ser um indivíduo, nos encontramos ante um quadro desolador.

Na doença de Alzheimer, as lesões características envolvem:

1. Hipersecreção de uma proteína chamada **substância beta-amiloide** pelas células afetadas. Essa proteína é produzida normalmente pelas células nervosas, mas, na doença de Alzheimer, isso ocorre de forma exagerada, causando vacúolos de tamanho crescente que, ao se juntarem, produzem a morte de todos os neurônios que os rodeiam.
2. Formação de emaranhados neurofibrilares, produto de anomalias estruturais de uma proteína chamada tau, componente natural das neurofibrilas dos axônios, que também, por volume e pela interrupção do trânsito de potenciais de ação pelos axônios afetados, causam morte celular e disfunção.

O efeito de ambos os tipos de lesão bioquímica complementam-se na geração da sintomatologia da doença de Alzheimer ou em modelos de camundongos transgênicos com hiperexpressão de uma ou outra proteína nos quadros amnésicos resultantes. Em modelos animais, o excesso de proteína beta-amiloide é muito mais amnésico quando ocorre junto com um excesso de proteína tau, e vice-versa.

Na doença de Alzheimer, essas lesões surgem inicialmente no córtex entorrinal e, a seguir, no hipocampo. Com o decorrer dos meses ou dos anos, aparecem também nos córtices pré-frontal, parietal e occipital, e, às vezes, em outras áreas do cérebro (Figura 9.1).

Essas lesões, se extremamente abundantes nas áreas mencionadas, são consideradas patognomônicas da doença de Alzheimer (Hyman, van Hoesen, & Damasio, 1990). Porém, lesões similares e com localização semelhante são detectadas na demência que acompanha a doença de Parkinson e, ainda, em indivíduos muito idosos sem patologia cognitiva definida. De fato, placas amiloides e emaranhados fibrilares são observados, em pequena quantidade, em pessoas perfeitamente normais, a partir dos 20 ou 30 anos. Seu número aumenta com a idade, tanto em humanos como em cães e primatas, sem atingir, porém, a profusão dessas lesões característica da doença de Alzheimer. Não há correlação entre a ocorrência dessas lesões e qualquer sintomatologia em cães e primatas. Alguns autores acham que essa doença resulta do exagero de um quadro histológico normal, e não da simples aparição das chamadas lesões características da doença.

Há dois grandes subgrupos de pacientes com doença de Alzheimer: aqueles que apresentam prejuízo entre os 50 e 60 anos e aqueles em que a doença se manifesta a partir dos 65 a 70 anos. A primeira forma costuma ter um curso mais rápido. O primeiro caso descrito por Alois Alzheimer, descobridor da doença, foi detectado em uma mulher de 51 anos. Ambas as formas da doença são acompanhadas de alterações cromossômicas diferentes, o que indica que obedecem a pelo menos dois distúrbios genômicos distintos. Porém, estudos em numerosos gêmeos univitelinos, cuja carga genética é idêntica, demonstraram que muitas vezes só um dos dois manifesta a doença. Isso indica que, além dos fatores genéticos, há também outras causas ou fatores desencadeantes da doença. Esses podem ser tóxicos, ambientais, psiquiátricos ou até medicamentosos: não há evidências em favor de um ou outro fator.

Na síndrome de Down, há alterações cromossômicas semelhantes às da doença de Alzheimer em sua variedade pré-senil. Os portadores de síndrome de Down com frequência morrem relativamente cedo (por volta dos 40 anos), muitas vezes com um quadro demencial semelhante ao da doença de Alzheimer e com lesões cerebrais do mesmo tipo.

As lesões vasculares múltiplas podem consistir em pequenas áreas de infarto e em lesões desmielinizantes secundárias à interrupção da irrigação sanguínea local. Essas lesões também são observadas nos quadros demenciais secundários a politraumatismo craniano, comum nos boxeadores (**demência pugilística**) e ao uso reiterado e excessivo de álcool ou cocaína. Em uma proporção elevada de alcoo-

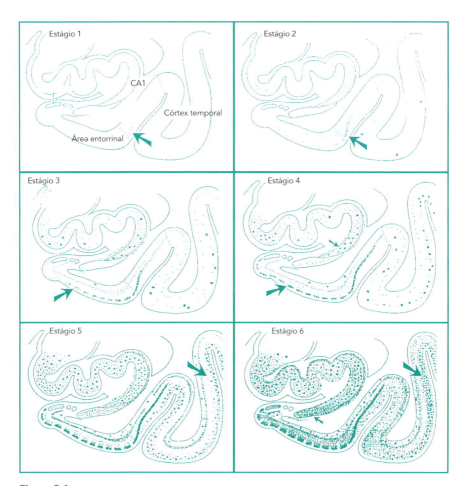

Figura 9.1
Evolução anatômica da doença de Alzheimer no lobo temporal ao longo de sucessivos estágios (1 a 6). No estágio 1, há poucas lesões (emaranhados fibrilares de proteína tau e placas de beta-amiloide) localizadas na área entorrinal. Esse estágio pode durar vários anos, e a doença é assintomática. No estágio 2, aumenta o número de lesões na área entorrinal e surgem algumas lesões no hipocampo e no subículo (região que liga o hipocampo com a área entorrinal). Aparecem os primeiros sintomas. Esse estágio dura de 1 a 3 anos. Nos seguintes estágios, 3 e 4, aumentam as áreas lesadas, formando-se entre elas verdadeiras "ilhas" de tecido normal, que passam a funcionar isoladas das áreas envolvidas. Na clínica, observam-se também "ilhas" de memórias intactas. Esses estágios duram entre 2 e 5 anos. O estágio 5 corresponde à fase avançada da doença. Nesse estágio, as lesões se multiplicam, aparecem também em outras regiões cerebrais (córtices pré-frontal, frontal e parietal) e o detrimento cognitivo se intensifica. Esse estágio dura de 2 a 3 anos. No estágio 6 ou terminal, não há mais "ilhas" nem anatômicas nem mnemônicas, e a cognição desaparece quase por completo.

listas, desenvolve-se uma síndrome denominada **demência alcoólica**, que alguns consideram secundária à síndrome neurológica de Wernicke-Korsakoff. É característica dessa síndrome a "confabulação" ou a dissimulação das falhas da memória por invencionices. Na demência alcoólica, além das lesões vasculares, o efeito tóxico do próprio etanol sobre os neurônios parece desempenhar um papel. Entre as demais substâncias de abuso, cabe destacar os opioides. Estes podem causar, no uso crônico, uma síndrome demencial pelo menos em parte decorrente de seus efeitos tóxicos.

> Na demência alcoólica, além das lesões vasculares, o efeito tóxico do próprio etanol sobre os neurônios parece desempenhar um papel.

As demências causadas pela maconha e seus componentes não têm sido relatadas de forma fidedigna. Essas substâncias produzem, no entanto, quadros de amnésia aguda ou subaguda de gravidade variável. O uso reiterado e intenso da cocaína em suas diversas formas, principalmente o *crack*, pode causar uma síndrome pré-frontal (ver mais adiante), seguida ou não de demência.

Na **doença de Pick**, também de caráter hereditário, há um quadro demencial às vezes semelhante ao de Alzheimer, mas sem a presença de lesões neurofibrilares e placas amiloides. Há, porém, outro tipo de alteração histológica, que consiste na aparição assimétrica, nos lobos temporais e frontais, na autópsia, de células inchadas, não funcionais, que apresentam coloração pálida. Nessa doença, as lesões características predominam no hemisfério esquerdo.

A **doença de Creutzfeld-Jakob** tem uma evolução semelhante qualitativamente à doença de Alzheimer, mas em vez de se desenvolver ao longo de anos, desenrola-se em poucos meses. Nessa doença, o quadro que leva à morte neuronal é a expressão de uma proteína constituinte da membrana, o **príon**, com uma configuração espacial alterada. A função dessa proteína é basicamente desconhecida. Sua ausência, em camundongos, leva a uma hipersensibilidade a agentes epileptogênicos (Walz et al., 1999). A doença de Creutzfeld-Jakob caracteriza-se por lesões disseminadas de tipo espongiforme: literalmente, áreas povoadas por neurônios convertem-se, devido à morte deles, em vastos vacúolos. Doenças semelhantes, de características patológicas similares, mas sintomatologia variada, existem no gado bovino (doença da "vaca louca") e ovino (*scrapies*). Não há evidência concreta de que a doença de Creutzfeld-Jakob humana seja causada por contágio com essas doenças do gado, por meio da ingestão de carne ou de outra maneira.

A **doença de Parkinson** ou a **síndrome da imunodeficiência adquirida (aids)** podem ocasionar um quadro demencial. Os mecanismos das duas demências não são bem-conhecidos. No Parkinson, é possível que a disfunção cognitiva seja devida à função afetada do núcleo caudado na aquisição de memórias (ver Capítulo 3). Porém, chama a atenção o fato de que, se isso fosse assim, os sintomas não ocorreriam tão tarde no desenvolvimento da doença, como é o caso, nem se manifestariam por uma amnésia retrógrada. Na aids, as lesões cerebrais são múltiplas e generalizadas, e a evolução do quadro amnésico é rápida.

As demências de Parkinson e a aids são quadros secundários à evolução das próprias doenças. As doenças de Pick e Creutzfeld-Jakob, por sua vez, são quadros demenciais em essência.

As demências de origem vascular por **microinfartos** podem ocorrer sozinhas ou, mais comumente, sobrepondo seus efeitos a uma patologia de outro tipo, sobretudo a doença de Alzheimer. Quando ocorrem sozinhas, os primeiros sintomas das demências por microinfartos podem ser muito variados, dependendo da localização das lesões. Seu curso depende da evolução das lesões ou da ocorrência de novos microinfartos. Os medicamentos usados no tratamento do quadro amnésico decorrente dos microinfartos são os mesmos administrados na doença de Alzheimer (ver mais adiante) e são apenas paliativos. Para as demências de origem vascular, o importante realmente é a prevenção no âmbito da saúde cardiovascular. O fumo é um fator particularmente agravante devido ao efeito vasoconstritor da nicotina.

Nas demências, ocorre perda das funções cerebrais, incluindo as mentais, e, dentro dessas, das funções cognitivas, especialmente a memória. Embora esta última seja a mais grave do ponto de vista da manutenção da personalidade ou da individualidade do sujeito, muitas vezes não constitui o sintoma mais notável nem o motivo primário de queixa dos pacientes, à exceção da doença de Alzheimer, na qual, depois de seus primeiros estágios, a amnésia é o sintoma mais destacado.

A destruição da memória segue um curso próprio e mais ou menos característico nos diversos tipos de demência. Isso é consequência direta da evolução da patologia de cada uma delas. A evolução da síndrome amnésica é insidiosa na demência por microinfartos; muito intensa, mas lenta (anos) na doença de Alzheimer; muito lenta e não inexorável na doença de Parkinson; e muito rápida (meses) na doença de Creutzfeld-Jakob ou, às vezes, nos quadros pré-frontais, incluindo a doença de Pick.

> **A destruição da memória segue um curso próprio e mais ou menos característico nos diversos tipos de demência.**

Em alguns quadros demenciais predomina, no início, uma **disfunção da memória de trabalho**. Essa disfunção é de difícil detecção e se manifesta por uma diminuição da capacidade de filtrar informação, fazendo o sujeito parecer muitas vezes desorientado, com dificuldade em concentrar o que denomina "sua atenção" naquilo que está acontecendo e com tendência a confundir o que percebe ou o que recorda. A disfunção da memória de trabalho está associada a lesões do córtex pré-frontal.

É comum que esse déficit venha associado a uma **dificuldade tanto para formar quanto para evocar** memórias, predominantemente de longa duração. Na maioria dos casos de demência, o indivíduo mantém certo grau de funcionamento da memória de curta duração: consegue seguir o rumo de uma conversa e participar dela, fazer tarefas simples, percorrer distâncias curtas, sabendo para onde se dirige (por exemplo, ir ao armazém), etc. Com o avanço da severidade das demências, ocorre uma perda mais pronunciada, e o paciente esquece-se do rosto de seus filhos, do caminho correto de sua cama até o banheiro, de conhecimentos elementares de sua profissão; ou até qual era sua profissão.

DEMÊNCIA PRÉ-FRONTAL E DEMÊNCIA NAS FASES FINAIS DA DOENÇA DE PARKINSON

Cada tipo de demência tem uma patologia própria, que não é o caso analisar aqui. Encontram-se alterações pré-frontais quando há comprometimento da memória de trabalho, do hipocampo e do córtex temporal e, às vezes, do córtex parietal quando os demais tipos de memória estão alterados. Existe um quadro chamado de "síndrome pré-frontal", caracterizado pela falta de autocontrole ou de "freio" moral, conceitual ou verbal. Muitas vezes, esse quadro é resultado de abuso prolongado e excessivo de substâncias que estimulam sinapses dopaminérgicas no córtex pré-frontal, como a cocaína. Em outras, é devido a lesões vasculares ou de outro tipo de um dos lobos pré-frontais ou de ambos. A síndrome pré-frontal pode evoluir para uma verdadeira demência, que se denomina **demência pré-frontal**.

A doença de Parkinson apresenta, além da perda celular na substância negra que explica os transtornos motores e do tônus muscular, lesões corticais que são responsáveis pelo estado demencial, o qual, muitas vezes, acompanha os estágios finais da doença (pelo menos em cerca de 50% dos casos).

Como nas demais demências (ver a seguir), o tratamento do prejuízo cognitivo na demência pré-frontal e na parkinsoniana é apenas sintomático.

SOBRE MEDICAMENTOS PALIATIVOS, CURATIVOS, EFETIVOS E INEFICAZES

Cabe apontar aqui, no entanto, um motivo de confusão importante que permeia boa parte da literatura referente à doença de Alzheimer. Na década de 1980, a descoberta de lesões e de consequente hipoatividade do núcleo basal de Meynert, sede do maior sistema modulador colinérgico do cérebro, em pacientes com doença de Alzheimer, levou a uma "hipótese colinérgica" dessa patologia. Tal hipótese postulava que a acetilcolina era o "principal neurotransmissor envolvido na memória". Porém, na segunda metade dessa mesma década, foram descobertos déficits semelhantes nos sistemas dopaminérgico, noradrenérgico e serotoninérgico central. Paralelamente, foi determinado que o sistema hipocampal é a região mais importante tanto para a formação como para a evocação das memórias declarativas e foram estabelecidos os mecanismos correspondentes. Também foi demons-

> Foi determinado que o sistema hipocampal é a região mais importante tanto para a formação como para a evocação das memórias declarativas.

trado que as lesões características da doença de Alzheimer aparecem inicialmente no córtex entorrinal e no hipocampo e, mais tarde, em outras regiões, sobretudo os córtices pré-frontal, parietal e occipital associativo (Hyman, van Hoesen, & Damasio, 1990). Isso relegou a "hipótese colinérgica" a um papel, no máximo, secundário na patogenia da doença de Alzheimer e das demências em geral. Porém, esse papel, embora secundário, é importante do ponto de vista modulatório, e a acetilcolina, de fato, modula positivamente as funções mnemônicas em geral. Realmente, medicamentos que estimulam essa função são utilizados no tratamento paliativo das demências: donepezila, rivastigmina e galantamina.

Boa parte dos déficits de memória é resultado de anomalias gênicas: esse é claramente o caso de vários tipos de déficits de aprendizado, outros tipos de insuficiência cognitiva congênita e de muitas demências, sobretudo a de Alzheimer. É de se esperar que, em um futuro próximo, apareçam métodos preventivos para essas doenças. Note-se que a palavra "gênica" não necessariamente quer dizer "hereditária". Todos os genes são herdados, mas, ao longo da vida, a capacidade de muitos deles de expressar diferentes RNAs mensageiros (mRNAs) pode mudar. Determinados genes expressam-se só a partir de certa idade: a puberdade, por exemplo, a idade adulta ou a velhice. A doença de Alzheimer é um exemplo característico desta última. Outros se expressam demais ou de menos como consequência da ação dos mais diversos agentes, desde variações no clima até drogas ou outras substâncias de diversos tipos.

"Drogas que melhoram a memória"

Hoje, há muito interesse no desenvolvimento de medicamentos que aumentem a capacidade de memória das pessoas em idade escolar ou universitária.

Até agora, não foi encontrada uma substância que "melhore" a memória em pessoas normais e que seja realmente útil. Em nosso laboratório, ao longo dos anos, estudamos várias centenas de substâncias que eventualmente podem facilitar a formação ou a evocação de memórias para algumas tarefas de aprendizado em ratos e camundongos, administradas por via oral, intraperitoneal, subcutânea, intracerebroventricular ou diretamente nas mais diversas estruturas cerebrais. Nenhuma delas serve para o uso em humanos, quer por seus efeitos colaterais tóxicos ou indutores de dependência, quer porque a única via pela qual são efetivas ser a intracerebral, que é inaplicável no ser humano.

O metilfenidato (ritalina), a anfetamina e a nicotina encontram-se entre essas substâncias. O primeiro é um estimulante central utilizado para combater o transtorno de déficit de atenção em crianças e adultos. Até agora, tem sido impossível estabelecer se sua ação favorável sobre a formação de memórias declarativas nesses pacientes é um efeito próprio ou simplesmente reflete a melhora no nível ou na focalização de atenção que o medicamento produz. Em adultos sadios, administrado 12 horas depois da formação de uma memória trivial, o metilfenidato aumenta sua persistência (Izquierdo, 2008). Ainda, facilita o aprendizado de extinção (Furini et al., 2017). Certamente, os dados disponíveis não justificam o uso recreativo desse medicamento para "melhorar a memória", comum entre grupos de vários países.

Tal uso é tão injustificado como o dos extratos de *Gingko biloba*, planta popular no Oriente e que tem fama, nunca provada, de também "melhorar a memória". Estudos detalhados sobre os extratos dessa planta não endossam essa suposição.

A vasopressina, a adrenalina, o hormônio adrenocorticotrófico (ACTH) e derivados, a anfetamina, a cocaína e a nicotina, melhoram a formação de memórias declarativas de longa duração em animais de laboratório e em humanos. Nestes últimos, porém, isso ocorre dentro de uma margem muito estreita de tempo e de dosagem; fora do tempo útil (minutos após a aquisição), são inúteis; abaixo da dose efetiva, não têm efeitos sobre a memória; e acima dessa dose, a deprimem e causam até dano cerebral. Isso, mais a gravidade de seus efeitos secundários (hipertensão arterial) e o potencial de dependência de várias dessas drogas, impede sua utilização terapêutica nas amnésias de qualquer tipo e, principalmente, nas demências.

> **Em cada momento, para cada indivíduo, dadas suas circunstâncias emocionais e anímicas, a memória está sempre trabalhando perto do máximo de sua capacidade.**

Na verdade, o estudo exaustivo dos mecanismos da memória e seus moduladores (Izquierdo et al., 2006; ver Capítulos 3 a 5) levou a maioria dos pesquisadores da área ao convencimento de que em cada momento, para cada indivíduo, dadas suas circunstâncias emocionais e anímicas, a memória está sempre trabalhando perto do máximo de sua capacidade. Quando determinado indivíduo apresenta falhas da memória, em condições-padrão de saúde, o problema se deve a cansaço, saturação do(s) sistema(s), desatenção, influência negativa de alguma via modulatória ou hiper ou hipossecreção de algum hormônio. Uma vez corrigido o problema, segundos ou minutos após, ou, se necessário, depois de um sono reparador, o indivíduo voltará ao normal. Se o problema for devido a estresse ou alta ansiedade (por exemplo, aprendizado em um cárcere ou em alguma sala de aula ou outro ambiente que para o indivíduo é traumático), será corrigido pela mudança de situação ou ambiente.

A crença popular, muito difundida pela mídia, de que "o cérebro não utiliza mais que 10% de sua capacidade instalada" é uma inverdade. Isso nunca foi sequer estudado, e não haveria forma alguma de demonstrá-lo. A verdade é que o cérebro e, em particular, sua função mnemônica, funciona sempre ao máximo de eficiência e rendimento possíveis. Age como uma máquina altamente sofisticada, complexa e regulável, como os carros da Fórmula 1. Em condições ótimas, são excelentes. Em condições menos do que ótimas (por exemplo, falta de habilidade do piloto, excesso de temperatura, uma leve torção de alguma peça, chuva) seu rendimento cai. Não porque o motor esteja mal-desenhado, mas justamente por ser tão sofisticado e de equilíbrio delicado, feito para funcionar muito bem sob condições apropriadas.

MEMÓRIA **97**

Fora das demências mencionadas, a mais comum é a **alcoólica**, cuja sintomatologia confunde-se com a de Alzheimer, mas se deve a lesões vasculares disseminadas, causadas pelos efeitos reiterados do álcool em excesso, e pode começar muito mais cedo, já aos 20 ou 30 anos. Existe, ainda, a demência **traumática** (também chamada de pugilística ou "dos lutadores de boxe").

PREVENÇÃO E TRATAMENTO

Para as demências, em geral não há ainda tratamento específico. Exceções são a demência dos alcoolistas, cujo tratamento consiste na abstinência do álcool, e a traumática, cujo tratamento envolve a interrupção da exposição aos golpes. Claramente, nem sempre é possível uma reversão total dos sintomas em ambos os casos. Usam-se, como mencionado anteriormente, medicamentos estimulantes dos neurônios colinérgicos (sobretudo donepezila, rivastigmina e galantamina; a tacrina é pouco utilizada hoje devido aos efeitos secundários de hipermotilidade gastrointestinal) e memantina ou ampaquinas, estimulantes de receptores glutamatérgicos de tipo ácido alfa-amino-3-hidroxi-metil-5--4-isoxazolpropiônico (AMPA). Às vezes, são empregados também outros agentes estimulantes, mas sempre de forma empírica e sem base real que justifique seu uso. Como já mencionado, as tentativas bem-controladas feitas com alguns produtos de origem vegetal (como *Gingko biloba* e semelhantes) nunca apresentaram resultados visíveis. Esse é um terreno que ainda aguarda algum *breakthrough* terapêutico que, por enquanto, parece estar ainda longe. Os medicamentos em uso atualmente são pouco eficazes durante alguns *meses*, pois os neurônios que deveriam ser seus alvos de ação ainda continuam morrendo aos poucos. É como querer comandar um ataque quando já não há mais soldados de infantaria.

> As tentativas bem-controladas feitas com alguns produtos de origem vegetal (como *Gingko biloba* e semelhantes) nunca deram resultados visíveis. Esse é um terreno que ainda aguarda algum *breakthrough* terapêutico que, por enquanto, parece estar ainda longe.

As esperanças encontram-se radicadas na prevenção. A memória é uma função fortemente estimulada pelo uso, como foi comentado no Capítulo 2. A atividade que mais estimula a memória é a leitura: ela requer o emprego simultâneo e em rápida sequência de memórias visuais e de linguagens, estimula paralelamente as memórias visuais (quando pensamos em uma árvore, "vemos" uma árvore) e as vias dos sentimentos e emoções, pois não existem, nos seres humanos, memórias "a--emocionais". Em todo momento de nossa vida, estamos sob a influência de alguma emoção, grande ou pequena, e de algum estado de ânimo. Toda memória quando se faz ou se evoca envolve e requer a ativação das vias moduladoras dependentes das emoções e dos sentimentos (Capítulo 7).

Principalmente, o mecanismo da leitura em si envolve um gigantesco e rapidíssimo *scanning* de todas as palavras que o cérebro conhece e começam com uma determinada letra, seguido por um novo *scanning* cada vez que se lê uma nova letra. Por exemplo, quando lemos a letra "p" no início de uma palavra, de imediato começam a desfilar por nossa cabeça vocábulos como "paus", "pera", "pássaros", "pêssego", "perus", "pinotes", etc. Milissegundos depois, lemos a letra seguinte, por exemplo, um "e", e logo desaparecem palavras como "panelas" e surgem em seu lugar vocábulos como "pedras" e "perus"; lemos, a seguir, um "l" e são suprimidos verbetes como "penas" e "pedestres", os quais são substituídos por "pelos", "pelegos" e "pelotas". Cada vez, a cada letra, desfilam velozmente pelo corte visual primeiro "paus", "pássaros" e "panelas", depois "pedras", "pêssegos" e, a seguir, "pelos" e "pelotas". Não há outra atividade nervosa que exija tanto em tão pouco tempo do cérebro, e particularmente da memória, como a leitura. De fato, ela inclui memória visual, verbal e de imagens, entre outras.

> **Não há outra atividade nervosa que exija tanto em tão pouco tempo do cérebro, e particularmente da memória, como a leitura.**

Há estudos demonstrando que as pessoas que mais leem costumam conservar por mais tempo sua memória sadia e, caso aconteça, iniciam quadros de Alzheimer mais tarde que os não leitores. Atores, professores e escritores costumam estar entre as profissões em que mais se lê. Todos os demais "exercícios para a memória" recomendados pelas revistas e outros órgãos leigos (como palavras cruzadas, movimentos repetitivos, jogos, etc.) são muito inferiores à leitura para realmente exercitar a memória. São mais práticos para animais de laboratório, que não sabem ler (Jensen, 2006). Vários estudos mostram que a leitura de música é tão efetiva para preservar a memória como a de palavras.

Para os deficientes visuais, a alternativa mais válida é conseguir outros que leiam para eles. Era o que Borges fazia, assim como Homero e Milton, três escritores geniais, mas cegos, que se "alimentavam" do que seus seres queridos liam para eles. Outros exemplos são Ray Charles, Joaquín Rodrigo, Stevie Wonder ou Andrea Boccelli na música. Nenhum deles padeceu de demência.

10
TEMAS VARIADOS

Neste capítulo, trataremos de vários assuntos importantes sobre memória que não costumam ser relatados nos textos a respeito do assunto, nem nos de medicina, neurologia, psiquiatria, psicologia, neuroquímica ou neurofisiologia.

Ilhas de memória

Nas doenças cerebrais orgânicas, como já mencionado, no meio de uma disfunção generalizada da formação e da evocação de memórias, é comum encontrar "ilhas" de memória excelente. Nos pacientes com doença de Alzheimer ou de Creutzfeld-Jakob, é comum encontrar, perdidos no meio de uma conversa com pouco sentido, fragmentos quase perfeitos em que o sujeito lembra com precisão um conhecimento, uma imagem ou um trecho de um livro. É comum ver, em bons ambientes universitários, que os ex-colaboradores de determinado professor, que outrora se destacou por sua sabedoria e que agora padece de Alzheimer, vão visitá-lo para lhe dar alento e recolher dele "pérolas" intactas de conhecimentos que se julgavam

> Nos pacientes com doença de Alzheimer ou de Creutzfeld-Jakob é comum encontrar, perdidos no meio de uma conversa com pouco sentido, fragmentos quase perfeitos em que o sujeito lembra com precisão um conhecimento, uma imagem ou um trecho de um livro.

perdidos. Tive oportunidade de compartilhar esses momentos, em visitas realizadas a professores famosos e agora doentes, um na Argentina e outro nos Estados Unidos. Este último, vencedor de um Prêmio Nobel de Física, que, quando recebeu a notícia do prêmio já estava com Alzheimer, e mal se limitou a sorrir e dizer: "*How nice"* para quem lhe deu a notícia. De ambos os mestres, aprendi muito no curso dessas visitas. Para começar, ambos se mostraram muito felizes pelo fato de nos reencontrar, embora já não lembrassem bem quem éramos. "Vale mais sentir tua mão no ombro do que esses remédios que me dão que não servem para nada e só causam diarreia", disse-me um deles. O remédio era tacrina. Duas semanas depois, o tratamento foi interrompido, porque a piora gradativa do quadro fez o medicamento perder o efeito. Ainda assim, por muito tempo depois disso, as mãos no ombro dele continuaram a ter valor terapêutico.

Já vimos, no Capítulo 7, o papel dos afetos e das emoções na regulação das memórias. Todos sabemos ou deveríamos saber qual é o papel deles na vida como um todo.

Estimulação ambiental

Edward Bennett e colaboradores, em Berkeley, na década de 1960, introduziram a técnica de submeter animais de laboratório a ambientes "enriquecidos", cheios de objetos com os quais pudessem brincar, praticar exercícios e efetuar explorações. A famosa roda giratória dos *hamsters* de estimação teve sua origem nessa técnica. Desde o início, o grupo de Bennett e, mais tarde, outros (ver Greenough, 2001) encontraram vários efeitos orgânicos desses tratamentos: aumento do número de sinapses no córtex cerebral e no hipocampo, um aumento real do número de células nervosas no giro denteado de camundongos estimulados durante os primeiros 25 dias de vida, aumento do peso do córtex cerebral e até aumento do consumo de glicose por esse tecido. Um livro recente de Eric Jensen defende, para exercitar o cérebro, a aplicação de estímulos semelhantes aos humanos (Jensen, 2006).

Esses trabalhos partiram do princípio geralmente aceito de que um meio repleto de estímulos que exigem atenção e respostas ajuda no desenvolvimento da capacidade mental. O método é aplicado cotidianamente em creches, jardins de infância, escolas primárias e secundárias de todo o mundo. Na década de 1960, devido, em boa parte, aos trabalhos de Bennett e seu grupo, "apareceram as cores" e o "*design*" nas salas de aula como adjunto educativo importante. Aprende-se melhor a tabuada por meio de fichas ou desenhos coloridos do que por meio de quadro-negro e giz (hoje, substituídos por quadro branco e pincéis atômicos). Certamente, é mais agradável aprender em uma sala decorada com cores vivas do que em um ambiente cinzento e sóbrio.

Aprende-se melhor e com mais agrado, mas não necessariamente mais: o rendimento na escola primária de hoje, na maioria dos países, não é muito maior do que, digamos, em 1935; o que se ganhou em alegria e motivação perdeu-se nas inúmeras oportunidades de distração, quando não em trabalhos estéreis de doutrinamento ideológico, ainda abundante em muitos países do mundo, inclusive após a queda do Muro de Berlim. Claro que bem pior seriam as coisas se hoje, neste mundo onde os estímulos sobram, o aprendizado escolar ficasse relegado aos tons escuros e opacos de antigamente: ninguém aprenderia.

MEMÓRIA **101**

De qualquer maneira, o uso de ambientes enriquecidos em humanos não aumentou "a capacidade de memória" ou "a capacidade mental" das crianças nem dos adultos: estimativas do rendimento escolar indicam que este ficou estável nas boas escolas, ao longo dos últimos 60 anos. Contudo, essa técnica revelou enorme poder no tratamento de crianças ou adolescentes com lesões cerebrais graves.

A estimulação constante, paciente e acompanhada de carinho tem conseguido recuperar de forma notável déficits gravíssimos. Há casos de crianças com lesões cerebrais perinatais ou adquiridas nos primeiros anos de vida significativas que, tratadas com métodos de ambiente enriquecido e estimulação sensorial repetida e feita com afeto, conseguem manifestar um desempenho escolar igual ou superior à média. Em muitos casos, ocorre uma regressão completa ou quase completa dos quadros patológicos, por regeneração sináptica profusa e generalizada. A regeneração abrange a "usurpação" de funções do hemisfério lesado pelo hemisfério sadio, por meio de novas conexões subcorticais. Efeitos muito semelhantes foram obtidos em animais experimentais por Carlos Alexandre Netto e seus colaboradores, em Porto Alegre (procurar publicações sobre este tema na internet, no *site* EntrezPubmed ou outros acessos ao Medline).

> Há casos de crianças com lesões cerebrais perinatais ou adquiridas nos primeiros anos de vida significativas que conseguem manifestar um desempenho escolar igual ou superior à média.

Em todos esses casos, a única explicação possível para as melhoras é uma estimulação do crescimento e da ramificação de axônios e dendritos, e a formação de novas sinapses, substituindo as desaparecidas; ainda que estas tenham sido do lado oposto (contralaterais). A maioria dos neurônios é incapaz de reprodução, à exceção de algumas células do giro denteado e do cerebelo. Nos primatas, a reprodução neuronal (neurogênese) é limitada e ocorre basicamente nos primeiros anos de vida. Pode ser estimulada pela ocorrência de pequenas lesões em neurônios vizinhos. Todavia, nunca é suficiente em número nem em velocidade como para dar conta da formação de memórias ou da recuperação de lesões. Em roedores, pode ser estimulada pelo exercício.

AS MEMÓRIAS INFANTIS QUE APARENTEMENTE SE PERDEM

É provável que os primeiros tipos de memória que aparecem durante o desenvolvimento, tanto humano como animal, sejam a memória de trabalho e a memória de curta duração. De fato, não há evidências de que as crianças de poucos dias de idade possam formar outro tipo de memória. Choram quando seus reflexos gastrocerebrais informam a elas que se passou de 1 a 4 horas desde a última ingestão de leite (memória de curta duração); discriminam estímulos simples, reagindo de maneira diferenciada a uma carícia e a um ruído ou uma dor (memória de trabalho). Nada indica que lembrem muitas coisas de um dia para outro; passam a diferenciar as pessoas só a partir de algumas semanas ou meses de idade. Começam a sorrir em resposta a coisas ou pessoas que são agradáveis depois dos 2 a 3 meses de idade.

Mas, sem dúvida, tão logo começam a formar memórias de maior duração, os animais e as pessoas passam a desenvolver uma vida cognitiva de complexidade crescente e muito valor futuro. Isso acontece evidentemente depois dos primeiros dias de vida. Saber diferenciar a mãe das demais pessoas é importante e marca para toda a vida. Aprender a diferenciar o pai de outros homens, ação que ocorre alguns dias ou semanas mais tarde, é também da maior importância para o futuro da criança.

Nos animais e nos seres humanos de poucos meses ou anos, as percepções e as memórias não se traduzem em metáforas verbais; isto é, em linguagem, já que as palavras não são outra coisa senão metáforas. A isso me referi em detalhe no livro *Tempo e tolerância*. Quando uma criança de 1 ano vê uma árvore, vê o objeto em particular e não o interpreta em termos do significado genérico da palavra árvore, porque não a conhece e não pode entendê-la. Leva, como sabemos, certo tempo ensinar a uma criança pequena que seu pai e não qualquer ser humano masculino merece ser chamado de "pai". Muito mais tempo leva e requer uma maior maturação cerebral, explicar a uma criança que "aquilo" que tem tronco e folhas denomina-se "árvore".

As crianças começam a entender que as conexões entre palavras expressam coisas diferentes do que cada palavra em separado depois dos 9 a 18 meses. O uso coerente e habitual de frases aparece só mais tarde. Pode-se considerar a fase entre os 18 e os 36 meses como mista: para algumas coisas, a criança usa conhecimentos diretos; para outras, começa a metaforizá-los empregando a linguagem. O uso contínuo, natural, habitual e apropriado da linguagem raras vezes começa antes dos 3 anos.

Assim, até os 3 anos aproximadamente, toda a vida dos seres humanos desenvolve-se fora da linguagem, em um mundo pré-linguístico. As memórias feitas antes disso são como as dos animais: uma árvore é "essa" árvore e não tem nome, assim como não tem para um gato ou um camundongo; não há símbolos que possam distingui-la de outras árvores. Não é possível entender esse idioma para quem possui outro, assim como não é possível entender o chinês para alguém educado em inglês, a menos que possa aprendê-lo.

É, assim, inviável "traduzir" essas memórias infantis em termos de linguagem e trazê-las à tona. Faltam elementos, e não há como estabelecer um elo entre o que foi captado e armazenado em termos de imagens e sensações e sua expressão em uma língua qualquer.

Por isso, as pessoas não conseguem evocar as memórias da primeira infância. Alguns poucos conseguem se lembrar, de maneira exprimível em palavras, episódios simples de quando tinham 2 anos. A maioria não consegue fazê-lo em relação a memórias anteriores aos 3 ou 4 anos. Em muitos casos, isso até requer um longo trabalho psicoterapêutico. As primeiras memórias foram adquiridas em uma linguagem direta e não metafórica, a mesma usada pelos animais, que Pavlov denominou

MEMÓRIA **103**

"o primeiro sistema de sinais". As posteriores aos 3 a 4 anos foram adquiridas e instantaneamente traduzidas ao "segundo sistema de sinais": a linguagem.

Talvez seja possível explicar isso por meio de uma metáfora: é como se, nos primeiros anos de vida, nossa língua tivesse sido o chinês, depois tivesse havido uma transição para o português, e o aprendizado deste último idioma nos tivesse feito esquecer o anterior. Torna-se impossível transpor aquelas coisas que só aprendemos em chinês para um mundo que ignora totalmente essa língua.

Atualmente, há um consenso sobre esse fato de que o "divisor de águas" das mais antigas memórias infantis, as intraduzíveis, é a aparição da linguagem na vida das pessoas. É óbvio que participam também outros fatores, como a maturação cerebral, o acúmulo prévio de memórias, etc. Mas a linha divisória é claramente a linguagem.

> Atualmente, há um consenso sobre esse fato de que o "divisor de águas" das mais antigas memórias infantis, as intraduzíveis, é a aparição da linguagem na vida das pessoas.

É bom lembrar, no entanto, que boa parte daquelas memórias pré-linguísticas e hoje intraduzíveis são as mais importantes de nossa vida. Porém, não há a menor dúvida de que, embora codificadas em uma linguagem inacessível para os adultos, as memórias importantes da primeira infância ficam gravadas para sempre e permeiam de maneira inconsciente a recordação ou a percepção de muitas outras memórias posteriores, dado seu enorme valor afetivo. A origem de quase toda nossa vida afetiva está nessas memórias antigas e inconscientes que adquirimos quando muito pequenos.

Há demonstrações de que o cheiro dos seios maternos é uma memória implícita chave para toda nossa vida afetiva posterior. Foi muito antes de saber língua alguma que aprendemos o que é a fome, o que se faz para saciá-la, quem é a mãe, quem é o pai, o que é a dor e como responder a ela, o que é o prazer em um sentido genérico, quem são os avós, quem são os demais, quem é de confiança e quem não é, o que é a luz, o que é um animal e o que o diferencia das pessoas, etc.

Aliás, tem-se escrito bastante sobre a arte de saber em quem se pode confiar e em quem não. A opinião mais generalizada é que isso é um aspecto da cognição em que as crianças menores são mestres, as crianças de 4 a 10 anos são ainda bastante boas, os adolescentes são péssimos, os adultos além de péssimos são exagerados e os velhos ocasionalmente recuperam a sabedoria perdida na infância.

Sonhos, delírios, criatividade

Há um século, Freud estudou intensamente o possível significado dos sonhos e popularizou esse trabalho de modo extraordinário.

Recentemente, muitos estudos têm verificado que os sonhos nada mais são, na verdade, que misturas de memórias existentes no cérebro, de maneira altamente influenciada pelos acontecimentos do dia ou dias anteriores e as previsões para o dia ou dias seguintes. Não há indício objetivo que nos permita intuir que signifiquem alguma coisa além disso, só temos as hipóteses de Freud. O cérebro produz sonhos no estágio mais profundo do sono, e a lógica que utiliza certamente não é a mais aquela que usa na vigília. Sendo assim, seria muito interessante reestudar e ampliar, com as técnicas neuropsicológicas e neurofisiológicas hoje disponíveis, aqueles achados seminais do fundador da psicanálise. Não é impossível que, assim como ocorreu com os postulados de Santiago Ramón y Cajal, no final do século XIX, sobre o caráter morfológico das memórias ou os de Ivan Petrovich Pavlov, nos anos de 1920, sobre os reflexos condicionados e sobre a extinção, os dados mais modernos venham a referendar as interpretações dos sonhos feitas por Freud, pelo menos em muitos aspectos.

Os **delírios** assemelham-se aos sonhos em sua estrutura: são misturas aparentemente extravagantes de memórias. No caso dos delírios, soma-se às memórias aquilo que está sendo percebido. Delírios assolam os pacientes esquizofrênicos, cuja origem está, como vimos no capítulo anterior, em falhas grosseiras do "gerenciador de informações" do córtex pré-frontal (Egan et al., 2001) e suas conexões com outras áreas corticais. Delírios ocorrem também no *delirium*, síndrome muitas vezes de origem tóxica em que a falha predominante é na memória de curta duração. Ignora-se se essa falha tem relação com a geração de misturas extravagantes de memórias.

A **criatividade** tem sido definida por Jaime Vaz Brasil como a conjunção de duas ou mais memórias. Não se cria a partir do nada: cria-se a partir do que se sabe, e o que sabemos está em nossas memórias. Não creio que exista alguma definição possível para o ato criativo. Escrevi, também no livro *Tempo e tolerância*, já mencionado, que a criatividade se assemelha a tropeçar em alguma coisa,e que bem-aventurados são aqueles que se dão conta disso e, a partir daí, elaboram algo novo: um quadro, um poema, um conto, uma partitura musical. Mas os componentes dessas obras constam do que está em nossas memórias. Muitas vezes, se acrescenta algo novo a elas, como ocorre nos delírios. De fato, nos últimos cem anos, os produtos da criação humana em pintura, escultura, música e literatura têm se assemelhado mais aos delírios do que às criações formais de épocas anteriores. Por exemplo, comparemos Miró com Velásquez, ou Schoenberg com Beethoven, ou Ferreira Gullar com Cesário Verde. Mas o certo é que a "loucura" inerente à criação artística sempre existiu. Isso que muitos denominam "loucura" nada mais é do que a arte combinatória levada a novos extremos. O artista faz algo novo, algo que é uma composição de memórias, mas que não é igual à soma de suas partes.

O certo é que esse mundo globalizado e impessoal de hoje, onde têm mais poder 10 funcionários obscuros de uma entidade financeira com sede em Nova York do que os mais de 200 reis ou presidentes do planeta, não começou ontem. Metternich, Felipe II, Alexandre, o Grande, e seus estados de ânimo mandavam mais em suas épocas do que a soma total dos de seus súditos, a maioria dos quais não os conhecia sequer pelo nome. Sempre houve, nos criadores, a necessidade visceral de combater a massificação, de *épater le bourgeois* (assustar o burguês), para ver se resultava alguma coisa melhor desse choque. Foram *épatantes* as sinfonias de "Papai Haydn", com seus súbitos ataques de percussão, ou as sinfonias e os últimos quartetos de Beethoven, com suas formas cambiantes e suas ocasionais dissonâncias; muito mais do que isso, a sociedade formal de sua época não lhes permitia. Foi *épatante* e já alucinatória a ópera, em que cantam guerreiros, moribundos, amantes, rainhas da noite, reis e duendes, princesas e fadas em cenários estranhos, feitos de tecido e papelão. Nisso, foram precursoras dos muito mais alucinatórios musicais de Hollywood, até chegar aos paroxismos dos *shows* de *rock* de hoje, em que música, cenografias, efeitos especiais e luzes unem-se em um todo já completamente delirante, muitas vezes incrementado por drogas. Geralmente, o artista é um ser que se irrita com a uniformidade e a massificação cultural ou estética da sociedade que o rodeia. Mistura suas memórias e cria suas obras para se refugiar ou para se afastar de uma realidade com a qual não compactua.

No fundo, pensando bem, o homem comum do início do século XXI, rico ou pobre, imerso em um mundo que mal consegue compreender, se é que consegue, não faz diferente. Sem suas memórias, não seria ninguém; e sem chamá-las, evocá-las e misturá-las ou falsificá-las, não poderia viver.

Talvez, no início do século XXI, todos sejamos um pouco artistas, porque precisamos disso para viver.

REFERÊNCIAS

Augustinack, J.C., van der Kouwe, A. J., Salat, D. H., Benner, T., Stevens, A. A., Annese, J., Fischl, B., ... Corkin, S. (2014). H.M.'s contributions to neuroscience: a review and autopsy studies. *Hippocampus, 11,* 1267-1286.

Baddeley, A. (1997). *Human Memory: Theory and Practice.* Boston: Allyn & Bacon.

Ballarini, F., Moncada, D., Martinez, M. C., Alen, N., & Viola, H. (2009). Behavioral tagging is a general mechanism of long-term memory formation. *Proceedings of the National Academy of Sciences USA, 106,* 14599-14604.

Barros, D. M., Izquierdo, L. A., Mello e Souza, T., Ardenghi, P.G., Pereira, P., Medina, J.H., & Izquierdo, I. (2000). Molecular signalling pathways in the cerebral cortex are required for retrieval of one-trial avoidance learning in rats. *Behavioural Brain Research, 114,* 183-192.

Barros, D. M., Mello e Souza, T., De David, T., Choi, H., Aguzzoli, A., Madche, C., ... Izquierdo, I. (2001). Simultaneous modulation of retrieval by dopaminergic D_1, b-noradrenergic, serotoninergic1A and cholinergic muscarinic receptors in cortical structures of the rat. *Behavioural Brain Research, 124,* 1-7.

Bennett, E. L., Diamond, M.C., Krech, D., & Rosenzweig, M. (1964). Chemical and anatomical plasticity of brain. *Science, 146,* 610-619

Brioni, J. D. (1993). Role of GABA during the multiple consolidation of memory. *Drug Development Research, 28,* 3–27.

Cahill, L., & McGaugh, J. L. (1998). Mechanisms of emotional arousal and lasting declarative memory. *Trends in Neurosciences, 11,* 294-299.

Carew, T. J. (1996). Molecular enhancement of memory formation. *Neuron, 16,* 5-8.

Danion, J. M., Meulemans, T., Kauffmann-Muller, F., & Vermaat, H. (2001). Intact implicit learning in schizophrenia. *American Journal of Psychiatry, 158,* 944-948.

Deisseroth, K. (2011). Optogenetics. *Nature Methods, 8,* 26–29, 2011.

108 REFERÊNCIAS

Dudai, Y., Rosenblum, K., Meiri, N., Miskin, R., & Schul, R. (1995). Correlates of taste and taste-aversion learning in the rodent brain. In J.L. McGaugh, F. Bermúdez-Rattoni & R.A. Prado-Alcalá, *Plasticity in the Central Nervous System: Learning and Memory*, p. 161-170. Mahwah: Lawrence Erlbaum.

Eccles, J. C. (1955). *The Physiology of Synapses*. Berlin: Springer.

Egan, M.F., Goldberg, T.E., Kolachova, B.S., Callicott, J.H., Mazzanti, C.M., Straub, R.E., ... Weinberger, D.R. (2001). Effect of COMT Val108/158 Met genotype on frontal lobe function and risk for schizophrenia. *Proceedings of the National Academy of Sciences USA, 98*, 6917-6922.

Forcato, C., Rodríguez, M. L., Pedreira, M. E., & Maldonado, H. (2010). Reconsolidation in humans opens up declarative memory to the entrance of new information. *Neurobiology of Learning and Memory, 93*, 77-84.

Frey, S., & Frey, J. U. (2008). 'Synaptic tagging' and 'cross-tagging' and related associative reinforcement processes of functional plasticity as the cellular basis for memory formation. *Progress in Brain Research, 169*, 117-143.

Furini, C. R. G., Myskiw, J. C., Assis Brasil, E., Doro, L., Behling, J. A. K., & Izquierdo, I. (2017) Extinction memory is facilitated by methylphenidate and regulated by dopamine and noradrenaline receptors. *Behavioural Brain Research, 326*, 303-306.

Fuster, J. M. (2008). *The prefrontal cortex.* (5th ed.) Amsterdam: Elsevier.

Greenough, W. T. (1985). The possible role of experience-dependent synaptogenesis, or synapses on demand. In N.M. Weinberger, J. L. McGaugh & G. Lynch (Eds.). *Memory systems of the Brain: Animal and Human Cognitive Processes* (p. 77-103). New York: Guilford.

Hyman, B.T., van Hoesen, G. W., & Damasio, A. D. (1990). Memory-related neural systems in Alzheimer's disease, an anatomic study. *Neurology, 40*(11), 1721-1730.

Izquierdo, I. (1984). Endogenous state dependency, memory depends on the relation between the neurohumoral and hormonal states present after training and at the time of testing. In G. Lynch, J. L. McGaugh, & N.M. Weinberger. *Neurobiology of Learning and Memory.* (p. 333-350). New York: Guilford.

Izquierdo, I. (1989). Different forms of posttraining memory processing. *Behavioral and Neural Biology, 51*(2), 171-202.

Izquierdo, I. (1998). *Tempo e tolerância.* Porto Alegre: Sulina/UFRGS.

Izquierdo, I. (2008). Age-dependent and age-independent human memory persistence is enhanced by delayed posttraining methylphenidate administration. *Proceedings of the National Academy of Sciences USA, 105,* 19504-19507.

Izquierdo, I. (2010). *A arte de esquecer.* Rio de Janeiro: Vieira & Lent.

Izquierdo, I. (2016). *The art of forgetting.* New York: Springer.

Izquierdo, I., Barros, D.M., Mello e Souza, T., de Souza, M.M., Izquierdo, L.A., Medina, J. H. (1998). Mechanisms for memory types differ. *Nature, 393*(6686), 635-636.

Izquierdo, I., Bevilaqua, L., Rossato, J. I., Bonini, J. S., Medina, J. H., & Cammarota, M. (2006) Different molecular cascades in different sites of the brain control consolidation. *Trends in Neurosciences, 29*(9), 496-505.

Izquierdo, I., & Chaves, M. L. F. (1988). The effect of a non-factual posttraining negative comment on the recall of verbal information. *Journal of Psychiatric Research, 22*(2), 165-170.

REFERÊNCIAS **109**

Izquierdo, I., da Cunha, C., Rosat, R., Jerusalinsky, D., Ferreira, M. B., & Medina, J. H. (1992). Neurotransmitter receptors involved in post-training memory processing by the amygdala, medial septum, and hippocampus of the rat. *Behavioral and Neural Biology, 58*(1), 16–26. (Obra originalmente publicada em 1962).

Izquierdo, I., & Medina, J. H. (1997). Memory formation, the sequence of biochemical events in the hippocampus and its connection to activity in other brain structures. *Neurobiology of Learning and Memory, 68*(3), 285-316.

Izquierdo, I., Medina, J. H., Vianna, M. R. M., Izquierdo, L. A., & Barros, D. M. (1999). Separate mechanisms for short- and long-term memory. *Behavioural Brain Research, 103*(1), 1-11.

Izquierdo I., Furini, C. R. G, & Myskiw, J. C. (2016). Fear memory. *Physiological Reviews, 96,* 795-850.

James, J. (1890). *The Principles of Psychology.* New York: Holt.

Jensen, E. (2006). *Enriching the Brain.* San Francisco: Jossey-Bass.

Kandel, E. R., & Squire, L. S. (2000). Neuroscience: breaking down barriers in the study of brain and mind. *Science, 290*(5494), 1113-1120.

Kapczinski, F.; Quevedo, J.; & Izquierdo, I. (Orgs.) (2011). *Bases biológicas dos transtornos psiquiátricos: uma abordagem translacional.* (3a. ed.) Porto Alegre: Artmed.

McGaugh, J. L. (1966). Time-dependent processes in memory storage. Science, *153*(3742), 1351-1358.

McGaugh, J. L. (2000). *Memory: A century of consolidation. Science, 287*, 248-251.

McGaugh, J. L., Bermúdez-Rattoni, F., & Prado-Alcalá, R. A. *Plasticity in the Central Nervous System: Learning and Memory.* (p. 161-170). Mahwah: Lawrence Erlbaum.

McGinty, J. (Ed.) (1999). Advancing from the ventral striatum to the extended amygdala. *Annals of the New York Academy of Sciences, 877,* p. 835.

Miller, C.A., Gavin, C.F., White, J.A., Parrish, R.R., Honasoge. A., Yancey, C.R., ... Sweatt, J. D. (2010). Cortical DNA methylation maintains remote memory. *Nature Neuroscience, 13,* 664-666.

Myskiw J.C., Rossato, J.I., Bevilaqua, L.R., Medina, J.H., Izquierdo, I., & Cammarota, M. (2008). On the participation of mTOR in recognition memory. *Neurobiology of Learning and Memory, 89*, 338-351.

O'Connell, C., O'Malley, A., & Regan, C.M. (1997). Transient learning-induced ultrastructural change in spatially clustered dentate granule cells of the adult rat hippocampus. *Neuroscience, 76,* 55-62.

Okuyama, T., Kitamura, D.S., Roy, S., Itohara, S., & Tonegawa, S. (2016). Ventral CA neurons store social memory, *Science, 353*(6307), 1536–1541.

Packard M.G., Cahill, L., & McGaugh, J. L. (1994). Amygdala modulation of hippocampal dependent and caudate nucleus dependent memory processes. *Proceedings of the National Academy of Sciences USA, 91,* 8477-8481.

Palomo, T., Beninger, R. J., Jiménez-Arriero, M. A., Borrell, J., & Archer, T., (Eds.). (2001). *Transtornos Cognitivos,* (volume 4, da série "Avances Neurocientíficos y Realidad Clínica). Madrid: Fundación Cerebro y Mente.

Pavlov, I. P. (1926). *Lectures on conditioned reflexes.* Oxford: Oxford University Press (re-editado como Conditioned reflexes por Dover, New York: 1956).

110 REFERÊNCIAS

Piolino, P., Desgranges, B., & Eustache, F. (2009). Episodic autobiographical memories over the course of time: cognitive, neuropsychological and neuroimaging findings. *Neuropsychologia, 47*, 2314-2329.

Ramón y Cajal, S. (1893). Neue Darstellung vom histologischen Bau des Centralnervius system. *Archives of Anatomical Physiology, 55*, 319-428.

Rose, S. P. R. (1995). Cell adhesion molecules, glucocorticoids and memory. *Trends in Neuroscience, 18,* 502-506.

Sah, P., Faber, E. S. L., Lopez De Armentia, M., & Power, J. (2003). The amygdaloid complex: anatomy and physiology. *Physiological Reviews, 83*, 803–834.

Scoville, W. B., & Milner, B. (1957). Loss of recent memory after bilateral hippocampal lesions. *Journal of Neurology, Neurosurgery and Psychiatry, 20,* 11–21.

Vianna, M. R. M., Szapiro, G., McGaugh, J.L., Medina, J.H., & Izquierdo, I. (2001). Mechanisms triggered by retrieval initiate extinction. *Proceedings of the National Academy of Sciences, 98,* 12251-12254.

Walz, R., Amaral, O. B., Rockembach. I.C., Roesler, R., Izquierdo, I., Cavalheiro, E.A., ... Brentani, R. R. (1999). Increased sensitivity to seizures in mice lacking cellular prion protein. *Epilepsia, 40*, 1679-1982.

Zinn, C. G., Clairis, N., Cavalcante, L.E.S., Furini, C.R.G; Myskiw, J.C., & Izquierdo, I. (2016). Major neurotransmitter systems in dorsal hippocampus and basolateral amygdala control social recognition memory. *Proceedings of the National Academy of Sciences USA, 113*, E4914–E4919.